伝記を読もう

松《まつ》尾《お》芭《ば》蕉《しょう》

俳《はい》句《く》の世界をひらく

坪内稔典・文

もくじ

はじめに

松尾芭蕉《まつおばしょう》は一六四四（寛永《かんえい》二十一）年に伊賀上野《いがうえの》（今の三重県伊賀《みえけんいが》市《し》）に生まれました。江戸《えど》時代が始まって四十一年後のことです。

芭蕉《ばしょう》は俳句《はいく》を作った人、俳人《はいじん》です。

俳句《はいく》は今もたくさんの人が作っていますが、世界中にもＨＡＩＫＵとして伝《つた》えられています。紫式部《むらさきしきぶ》の書いた『源氏物語《げんじ》』などとともに、世界中に知られている日本の文学です。

その俳句《はいく》のもっとも有名な作者が芭蕉《ばしょう》です。

古池や蛙《かわず》飛《と》び込《こ》む水の音

行《ゆ》く春や鳥啼《な》き魚《うお》の目は泪《なみだ》

閑《しず》かさや岩にしみ入る蝉《せみ》の声

あなたはこのような俳句《はいく》を聞いたことがありませんか。これらは芭《ば》蕉《しょう》の残《のこ》した俳句《はいく》です。

声に出して読んでみてください。

蛙《かえる》が池に飛《と》び込《こ》む水音が聞こえませんか。小鳥はちょっとかなしそうに鳴き、水の中の魚は泪《なみだ》（涙《なみだ》）をうかべて、去ってゆく春をおしんでいます。セミの声だけがしていて、その声は大きな岩にしみいる感じ。あなたの心にもセミの声がしみ入る気がしませんか。

そんな俳句《はいく》の数々を楽しみながら、芭《ば》蕉《しょう》の一生をたどってみましょう。

一　忍者《にんじゃ》になりたかった少年

「見つけた！　金作《きんさく》、見つけたぞ。」

かくれんぼの鬼役《おにやく》の弥太郎《やたろう》がさけびました。でも、金作《きんさく》はだまったまま、大きな木の幹《みき》をだいています。

「金作《きんさく》、こんどはおまえが鬼《おに》だよ。」

三太《さんた》が言いましたが、金作《きんさく》はなお木をだいて目をつむっています。

「おい、金作《きんさく》。おまえはまた忍者《にんじゃ》になってるのか。変身《へんしん》したつもりかもしれんが、まる見えだぞ。」

と言って弥太郎《やたろう》が笑《わら》いました。みんなも笑《わら》って、

「やーい、金作《きんさく》のにせ忍者《にんじゃ》！　金作《きんさく》、金作《きんさく》、下手《へた》っくそ！」

とはやしました。

金作《きんさく》は不思議《ふしぎ》そうに目をあけました。

すると、自分のまわりを、「金作《きんさく》、金作《きんさく》、下手《へた》っくそ。」とさけびながら友だちがとびはねています。

金作《きんさく》はたしかに変身《へんしん》していたのです。大きなどんぐりのなるブナの木に変身《へんしん》していたのです。だから、幹《みき》にだきついていました。ブナに変身《へんしん》した自分は友だちには見えないはずでした。

でも、みんなに見えるようなのです。

「まだ、修行《しゅぎょう》が足らんな。」

と言って、金作《きんさく》は頭をかきました。そして、鼻の前で指を組み、なにやら呪文《じゅもん》をとなえました。変身《へんしん》の術《じゅつ》を解《と》いたのです。

そんな金作《きんさく》を見ながら、弥太郎《やたろう》が言いました。

「おまえ、ほんとうに忍術《にんじゅつ》が好《す》きだなあ。将来《しょうらい》、忍者《にんじゃ》になって江戸《えど》へ行

くのか。将軍《しょうぐん》さまおかかえの忍者《にんじゃ》になりたいのか。」

金作《きんさく》は頭をかき、はずかしそうに言いました。

「おれ、むりかも。まだいっぺんも変身《へんしん》できん。カエルにもセミにもなれん。」

金作《きんさく》は忍術《にんじゅつ》にあこがれていました。金作《きんさく》のいる伊賀上野《いがうえの》は、伊賀流《いがりゅう》の忍者《にんじゃ》のいる町です。その忍術《にんじゅつ》のことは、友だちどうしでよく話題になりました。

その日、かくれんぼをしていたのは、いっしょにお寺で勉強している仲間《なかま》でしたが、ついこの前まで、弥太郎《やたろう》も忍者《にんじゃ》に夢中《むちゅう》でした。弥太郎《やたろう》は小鳥に変身《へんしん》して空を飛《と》ぶ、と言って、屋根から飛《と》んで足をくじきました。そのとき、弥太郎《やたろう》はお母さんにひどくしかられました。ねんざですんだのはまだよかった、下手《へた》したら死ぬぞ、と言われたのです。それで、彼《かれ》は忍者《にんじゃ》になるのをあきらめ、もっぱら、忍者《にんじゃ》になる夢《ゆめ》を追う金作《きんさく》をはやすのです。「金作《きんさく》、金作《きんさく》、下手《へた》っくそ！」と。

金作《きんさく》が生まれたのは一六四四（寛永《かんえい》二十一）年ですが、その年のいつ生まれたのかは分かりません。

ただ、金作《きんさく》という名前から想像《そうぞう》できることがあります。名前に金の字のつく人があなたのまわりにいますか。祖先《そせん》にいないでしょうか。二宮金次郎《にのみやきんじろう》、夏目金之助《なつめきんのすけ》……。こういう名前を知っていますか。二宮金次郎《にのみやきんじろう》は江戸《えど》時代の農政家《のうせいか》、すなわち農業の経営《けいえい》と政策《せいさく》で活躍《かつやく》した人です。苦学したことが有名で、かつては薪《まき》を背負《せお》って歩きながら本を読む金次郎《きんじろう》の像《ぞう》が学校などによく建《た》っていました。夏目金之助《なつめきんのすけ》は明治《めいじ》時代の文豪《ぶんごう》、夏目漱石《なつめそうせき》の本名です。

金の字のついた人びとには共通点《きょうつうてん》がありました。庚申《こうしん》という日に生まれたことです。

昔の暦《こよみ》（旧暦《きゅうれき》）では六十日に一回、庚申《こうしん》という日がきました。この日、人びとは身をつつしみました。おこもりといって、みんなで集まって夜どおし起きていることもありました。

どうしてでしょうか。実は、人びとは、あることを信《しん》じていました。私《わたし》たちの体の中に三尸《さんし》の虫が住んでいるということ、です。この虫、庚《こう》申《しん》の日に体からぬけだし、天上にのぼって神さまに報告《ほうこく》するのです。その人の行いなどを。その報告《ほうこく》にもとづいて神さまは人の寿命《じゅみょう》を決めました。それで、何か心あたりのある人は夜も眠《ねむ》らず、三尸《さんし》の虫がぬけだすのをふせいだのです。

庚申《こうしん》の日にしてはいけないこともありました。出産《しゅっさん》です。出産《しゅっさん》にともなう血を、もっとも縁起《えんぎ》が悪い、として嫌《きら》ったのです。でも、子どもを産《う》む日を自由に決めることはできませんし、庚申《こうしん》は六十日ごとにやってきますから、その日に生れる子が当然《とうぜん》ながらいました。

名前に金のつく人は、その庚申《こうしん》の生まれの人が多いのです。どうして、金をつけるのでしょう。

それは、庚申《こうしん》に生れた子は泥棒《どろぼう》になる、と言われていたからです。石《いし》川五右衛門《かわごえもん》はもっとも有名な日本の泥棒《どろぼう》ですが、彼《かれ》は庚申《こうしん》生まれということになっています。一五九四年に京都の三条河原《さんじょうかわら》で釜《かま》ゆでの刑《けい》にされたといいます。

名前に金の字をつけるのは、泥棒《どろぼう》になるのをふせぐため、と考えられていました。金の字が名前についたら、それだけでゆたかな気持ちになり、泥棒《どろぼう》にならないだろう、と信《しん》じたのです。

三戸《さんし》の虫や金の字を信《しん》じる、それを庚申信仰《こうしんしんこう》と言いますが、この信仰《しんこう》は江戸《えど》時代から庶民《しょみん》の間に広がりました。明治《めいじ》になっても信仰《しんこう》は続《つづ》き、漱石《そうせき》の名前が金之助《きんのすけ》になったのです。その漱石《そうせき》は千円札《さつ》の顔になったことがあります。もしかしたら、まじないがとってもよく効《き》いたのでしょうか。

　のちに松尾芭蕉《まつおばしょう》となる金作《きんさく》は、伊賀上野《いがうえの》の松尾家《まつおけ》の次男として生まれました。金がつくので、庚申《こうしん》の日に生まれたと思われます。

　金作《きんさく》の家は農家でした。でも、その農家を継《つ》ぐのは兄の半左衛門《はんざえもん》です。次男の金作《きんさく》は、やがて家を出て、何かほかの職業《しょくぎょう》につかなければいけません。その準備《じゅんび》のために、習字やそろばん、論語《ろんご》などを習いました。

　当時、子どもたちがまず勉強をする場所はお寺でした。伊賀上野《いがうえの》では、武士《ぶし》の子も農民《のうみん》の子も、まずお寺で最初《さいしょ》の教育を受けました。

「おい、みんな。目の上に鈴《すず》をつけた鳥はなんだ？」

　ある日、勉強がすんでお寺の庭で遊んでいたとき、良忠《よしただ》さまがたずねました。

良忠《よしただ》さまは金作《きんさく》より二歳《さい》の年上で、お城《しろ》の殿《との》さま（藤堂家《とうどうけ》）のお坊《ぼっ》ちゃんです。この人もお寺に勉強にきており、ときどき、金作《きんさく》たちとかくれんぼやなぞなぞ遊びをしていました。良忠《よしただ》さまはなぞなぞ遊びがことに好《す》きでした。今日も新しいなぞを金作《きんさく》たちに持ち出したのです。

こんなとき、すぐに反応《はんのう》するのが弥太郎《やたろう》です。「メジロ。」と弥太郎《やたろう》は答えました。

「どうしてメジロだい？　弥太郎《やたろう》。」

良忠《よしただ》さまが問いかけましたが、弥太郎《やたろう》は
「メジロのメ……」

と言って、言葉につまってしまいました。

「だめだなあ。おまえは、ちっとも考えないで口を開く。弥太郎《やたろう》、わるいくせだよ、それは。」

弥太郎《やたろう》は良忠《よしただ》さまにしかられました。

「金作《きんさく》、こたえが分かった顔をしてるな。はい、目の上に鈴《すず》のある鳥は？」

「スズメです。」

「なんでスズメなんだ？」

「メという字の上に、スズという字があります。つまり、スズメは目の上に鈴《すず》をつけた小鳥です。」

「正解《せいかい》、正解《せいかい》。金作《きんさく》はなぞときが得意《とくい》らしいな。」

良忠《よしただ》さまにほめられて、金作《きんさく》はちょっと顔を赤くしました。


それから数日後のある日、良忠《よしただ》さまがみんなに言いました。

「今から発句《ほっく》をやるぞ。

まんまるに出《い》でてもながき春日《はるひ》かな

これが発句《ほっく》だよ。わかるか、弥太郎《やたろう》。」

弥太郎《やたろう》がハックションと大きなくしゃみをしたので大笑いになりました。

「ハックションじゃなくて発句《ほっく》をつくるのだよ、弥太郎《やたろう》。まんまるに、で五音、出でてもながき、が七音、そして、春日《はるひ》かな、が五音。」

良忠《よしただ》さまが指を折って、ことばの数を数えました。

「このように五七五で表現《ひょうげん》するのが発句《ほっく》だよ。」

俳諧《はいかい》の最初《さいしょ》の句《く》が発句《ほっく》です。これが独立《どくりつ》したかたちをとって、やがて俳句《はいく》とよばれるようになりました。

金作《きんさく》がたずねました。

「五七五のなぞときですか、良忠《よしただ》さま。」

「おっ、金作《きんさく》はわかったか。」

「はい、まるいけど長いのものはなんだ、というなぞになっていますね。

こたえは春の日です。おもしろいなあ。」

弥太郎《やたろう》が言いました。

「えっ！　金作《きんさく》、何がおもしろい？　どうして春の日なんだよ。」

「春の日は長いじゃないか。冬と比《くら》べると日のある時間がうんと長い。丸い太陽が出ていながら、日は長い。この言い方がおもしろいなあ。」

金作《きんさく》はしきりにおもしろがりますが、弥太郎《やたろう》はまだ首をかしげています。良忠《よしただ》さまが説明《せつめい》しました。

「この発句《ほっく》は、山崎宗鑑《やまざきそうかん》という室町《むろまち》時代の人が作ったものだよ。俳諧《はいかい》（俳句《はいく》の昔の呼《よ》び方）はこの人に始まると言われている。

霞《かすみ》さへまだらに立つやとらのとし

これはどうだい？　松永貞徳《まつながていとく》という人の作だ。弥太郎《やたろう》、これだとわかるだろう?」

「トラは模様《もよう》がまだら?」

「そうそう、ちゃんとわかるじゃないか。とらのとし、は寅年《とらどし》だ。その寅年《とらどし》の元旦《がんたん》に、霞《かすみ》がまだらに山にたなびいている、というのだ。正月のおめでたい風景《ふうけい》だよ。」

金作《きんさく》が目をかがやかせて言いました。

「霞《かすみ》もまだら、トラもまだら。おもしろいなあ。あっ、できましたよ、良忠《よしただ》さま。

つくしはね五本あるのにつくしさん

どうですか、これ。」

金作《きんさく》たちの目の前にツクシがはえていたのです。良忠《よしただ》さまは「うまい、うまい。」と手をたたかれました。

弥太郎《やたろう》もこの句《く》はすぐわかって、

「五だけど三というわけか。おかしいなあ。」

と感心しました。それから少し考えて次の句《く》を作りました。

つくしんぼこどもはみんなかくれんぼ

ツクシはツクシンボとも言います。良忠《よしただ》さまはにっこりして、

「弥太郎《やたろう》、やるじゃないか。ボとボは響《ひび》き合って、春の日のたのしいようすが目に見える感じだ。いいぞ、弥太郎《やたろう》。」

その日、良忠《よしただ》さまを先生にして、金作《きんさく》たちの発句《ほっく》ごっこがもりあがったのでした。

金作《きんさく》が俳人《はいじん》として登場するのは一六六二年、十八歳《さい》の年でした。当時の年齢《ねんれい》のかぞえ方は、「かぞえ年《どし》」といって、生まれたときが一歳《さい》で、お正月がくるとひとつ歳《とし》をとるのです。

金作《きんさく》の俳句《はいく》が、初《はじ》めて本にのったのです。

春《はる》や来《こ》し年《とし》や行《ゆ》きけん小晦日《こつごもり》　宗房《そうぼう》

春がもう来たのだろうか、それとも今年がすでに去ったのだろうか、今日はまだ小晦日《こつごもり》だが、という句《く》です。小晦日《こつごもり》は大晦日《おおみそか》の前日です。

立春《りっしゅん》とは、夏至《げし》と冬至《とうじ》の真ん中で、暦《こよみ》のうえでは、この日から春になります。現在《げんざい》では、二月はじめごろになりますが、昔の暦《こよみ》では、十二月の終わりの年内に立春《りっしゅん》になることがありました。そのことをおもしろがった句《く》です。

ところで、金作《きんさく》が作った句《く》の作者をみると、宗房《そうぼう》となっています。金《きん》作《さく》は宗房《そうぼう》という名の俳人《はいじん》になったのです。ですから、これからは宗房《そうぼう》と呼《よ》びます。

俳人《はいじん》・宗房《そうぼう》は、実は藤堂主計良忠《とうどうかずえよしただ》、すなわちあの良忠《よしただ》さまにつかえるようになっていました。台所の事務《じむ》や料理《りょうり》をしていたのですが、それだけではなくて、良忠《よしただ》の身近にいて、いっしょに熱心《ねっしん》に俳句《はいく》を作っていたのです。

主人の良忠《よしただ》は、蝉吟《せんぎん》と名乗っていました。蝉吟《せんぎん》は俳句《はいく》を作るときの名前、つまり俳号《はいごう》です。宗房《そうぼう》も俳号《はいごう》でした。

宗房《そうぼう》がどうして藤堂家《とうどうけ》につかえるようになったのかというと、お寺でともに勉強していたことがきっかけでした。

俳句《はいく》の好《す》きな若殿《わかとの》さまだった蝉吟《せんぎん》は、ある日、ふと思ったのです。

「そうだ。あの金作《きんさく》を呼《よ》んでやろう。あいつといっしょに俳句《はいく》を作ると楽しいかもしれん。」

それで、金作《きんさく》は俳句好《はいくず》きの若殿《わかとの》のそばにつかえるようになりました。

江戸《えど》時代は俳句《はいく》がとても流行しました。武士《ぶし》、商人、農民《のうみん》など、いろんな身分のさまざまな職業《しょくぎょう》の人たちが俳句《はいく》を作ったのです。当時は士農工商のきびしい身分制度《せいど》がありましたが、俳号《はいごう》を名乗って集まると、だれもがかぎりなく平等になりました。俳号《はいごう》はたがいを対等、平等にしたのです。

殿《との》さまの子の蝉吟《せんぎん》と、農民《のうみん》の子の宗房《そうぼう》には、大きな身分差《みぶんさ》がありました。江戸《えど》時代、その身分《みぶん》をこえることは不可能《ふかのう》でした。でも、俳人《はいじん》としては対等に心が通じ合ったのです。

一六六五年、宗房《そうぼう》二十二歳《さい》の年に、蝉吟《せんぎん》が主催《しゅさい》した俳句《はいく》の会が開かれました。松永貞徳《まつながていとく》をしのんで、みんなで俳句《はいく》を作ったのです。貞徳《ていとく》はあの「霞《かすみ》さへまだらに立つやとらのとし」の作者です。

その日、宗房《そうぼう》は会場の設営《せつえい》にあたりました。座敷《ざしき》を掃除《そうじ》し、机《つくえ》や筆記具を用意したのです。寒い日だったので、火鉢《ひばち》に火もおこしました。床《とこ》の間《ま》には貞徳《ていとく》が自分の俳句《はいく》を書きつけた短冊《たんざく》を飾《かざ》りました。

みんながそろうと、蝉吟《せんぎん》が言いました。

「京の北村季吟《きたむらきぎん》先生から、飛脚《ひきゃく》で句《く》が届《とど》いたよ。私《わたし》の発句《ほっく》につけていただいたのだ。ちょうど今日の会に間にあった。」

飛脚《ひきゃく》とは、荷物や手紙などを運ぶ人です。蝉吟《せんぎん》は自分の句《く》を飛脚《ひきゃく》にたくして京都の季吟《きぎん》に送っていたのですが、その返事がやはり飛脚《ひきゃく》によって運ばれてきたのです。

季吟《きぎん》は貞徳《ていとく》の弟子の中でも特《とく》にすぐれた弟子でした。その季吟《きぎん》に、蝉《せん》吟《ぎん》は教えを受けていたのです。

蝉吟《せんぎん》は、自分の句《く》と季吟《きぎん》の句《く》をみなに見せました。

野は雪に枯《か》るれど枯《か》れぬ紫苑《しおん》かな　蝉吟《せんぎん》
鷹《たか》の餌乞《えごい》いと音《ね》をばなき跡《あと》　季吟《きぎん》

伊賀上野《いがうえの》の有名な俳人《はいじん》、正好《せいこう》が蝉吟《せんぎん》の句《く》を口ずさみ、「紫苑《しおん》ときましたか。なるほど。」とうなずきました。そして次のように続《つづ》けました。

「野は雪におおわれて、草木はみな枯《か》れつくした。でも、シオン（キク科の多年草）は枯《か》れないで残《のこ》っている。シオンには師恩《しおん》が掛《か》っていますね。師《し》である貞徳《ていとく》先生への恩《おん》です。」

正好《せいこう》の言葉をうけて、やはり伊賀上野《いがうえの》では有名な俳人《はいじん》の一笑《いっしょう》が、にこにこしながら話しました。

「季吟《きぎん》先生の句《く》もさすがですね。鷹《たか》が餌《えさ》を求《もと》めて鳴いたその後に雪の野が広がっている。消えた鷹《たか》の鳴き声が、なんと、紫苑《しおん》になって残《のこ》っている感じじゃないですか。お見事、お見事！」

二人の話に蝉吟《せんぎん》は少し顔をあかくしました。先輩《せんぱい》の俳人《はいじん》からほめられてうれしかったのでしょう。

「では、次は正好《せいこう》、続《つづ》いて一笑《いっしょう》、一以《いちい》、宗房《そうぼう》の順《じゅん》でひとめぐりしましょうか。今日は宗房《そうぼう》が一番若《わか》いが、彼《かれ》はこのところうんと腕《うで》をあげていますよ。」

蝉吟《せんぎん》は世話係の宗房《そうぼう》をちょっと持ち上げました。

今、蝉吟《せんぎん》たちが作っているのは、五七五と七七の句《く》を次々に連《つら》ねるもので、当時はこれを俳諧《はいかい》と言いました。今はこの形式のものを連句《れんく》と呼《よ》んでいます。

その最初《さいしょ》の五七五が発句《ほっく》。蝉吟《せんぎん》が作った句《く》です。その発句《ほっく》を受けて季吟《きぎん》が作ったのが脇句《わきく》です。

発句《ほっく》と脇句《わきく》には、その季節《きせつ》の言葉（季語《きご》）を入れる約束《やくそく》となっています。蟬吟《せんぎん》の句《く》の雪、季吟《きぎん》の句《く》の鷹《たか》が冬の季語《きご》です。発句《ほっく》はそれだけで単独《たんどく》に作られ、今では発句《ほっく》が俳句《はいく》と呼《よ》ばれています。

飼狗《かいいぬ》のごとく手馴《てな》れし年を経《へ》て　正好《せいこう》
兀《は》げた張子《はりこ》も捨《す》てぬわらわべ　一笑《いっしょう》
今日《きょう》あるともてはやしけり雛《ひいな》まで　一以《いちい》
月の暮《く》れまで汲《く》む桃《もも》の酒　宗房《そうぼう》

蟬吟《せんぎん》を囲《かこ》んで、正好《せいこう》、一笑《いっしょう》、一以《いちい》、宗房《そうぼう》が、右のように五七五と七七の句《く》を連《つら》ねました。百句《く》まで連《つら》ねていきましたので、その日の会はまる一日かかりました。

宗房《そうぼう》の句《く》は、月の出る夕暮《ゆうぐ》れまで桃《もも》の酒を飲んだ、ということでしょうか。「桃《もも》の酒」は桃《もも》の花びらをひたした酒で、三月三日の桃《もも》の節句《せっく》にこの酒をいただくと病気にならない、と言われています。この宗房《そうぼう》の句《く》は、その前の一以《いちい》の句《く》を受けています。

一以《いちい》の句《く》は、おひなさまの日（桃《もも》の節句《せっく》）まで大事にしてきた、という意味でしょうか。何を大事にしてきたのか。それは酒だ、と宗房《そうぼう》は応《おう》じています。まるでなぞを解《と》いたみたいですね。


蟬吟《せんぎん》を囲《かこ》んで句《く》を作る楽しい日々、それが宗房《そうぼう》の青春時代でした。ところが、一六六六年、宗房《そうぼう》が二十三歳《さい》の年の春、蟬吟《せんぎん》が亡《な》くなってしまいました。

蟬吟《せんぎん》の突然《とつぜん》の死は、未来が急になくなった感じを宗房《そうぼう》にもたらしたのではないでしょうか。

これからどうするか、宗房《そうぼう》は蟬吟《せんぎん》のいた城《しろ》を見上げて、ぼうぜんとしていました。城《しろ》の上には、ぽっかりと春の雲がうかんでいました。

二　江戸《えど》へ

「そうだ。江戸《えど》へ行こう。江戸《えど》は将軍《しょうぐん》の元で新しい町づくりが進んでいるという。もしかしたら、自分の働《はたら》き口《ぐち》があるかもしれない。」

宗房《そうぼう》は、主人の蝉吟《せんぎん》が亡《な》くなった後、高野山《こうやさん》へ行ったりしました。蝉《せん》吟《ぎん》の遺骨《いこつ》を納《おさ》める使者の手伝《てつだ》いをしたのです。そして、その仕事が終わると、なんだか気ぬけしたようになっていました。

でも、江戸《えど》へ行こう、と思ったら、宗房《そうぼう》の体に力がよみがえる感じがしました。勉強がおもしろくなってきたのです。論語《ろんご》、杜甫《とほ》や李白《りはく》の詩、古今和歌集《こきんわかしゅう》や西行《さいぎょう》の和歌などをこつこつと読んだのです。分からないことは、先輩《せんぱい》の俳人《はいじん》や神社の宮司《ぐうじ》さんなどに質問《しつもん》しました。子どものころに通ったお寺でも、また教わりました。兄の半左衛門《はんざえもん》にも何かと質問《しつもん》して勉強しました。

宗房《そうぼう》には、これという仕事はなく、主《あるじ》の藤堂家《とうどうけ》の台所で、雑用係《ざつようがかり》みたいなことをしていました。けれど一方では、俳句《はいく》の実力はかなりなものになっていました。蝉吟《せんぎん》の死後も伊賀上野《いがうえの》の俳人《はいじん》たちと、しきりに句会《くかい》をして腕《うで》をあげたのです。

江戸《えど》へ行こう、という思いは次第に強くなり、二十代の終わりが近づいたころ、彼《かれ》はその思いをおさえ切れなくなりました。兄や俳句《はいく》の友だちに相談したら、だれもが、行け、行けと後押《あとお》ししました。伊賀上野《いがうえの》という盆地《ぼんち》の町を出て、山の向こうの広い世界へ出て行く、それは兄や友人たちの夢《ゆめ》でもあったのです。

一六七二年、二十九歳《さい》の宗房《そうぼう》は、『貝《かい》おおい』という俳句《はいく》の本を作って、伊賀上野《いがうえの》の天満宮菅原社《てんまんぐうすがわらしゃ》に奉納《ほうのう》しました。

この本は、句合《くあ》わせというもので、左右に分かれた組から一句《く》ずつ出して、どっちがよいかを競《きそ》ったものです。勝負の判定《はんてい》は宗房《そうぼう》がしています。

鎌《かま》で切る音やちょいちょい花の枝《えだ》　露節《ろせつ》

きてもみよ甚《じん》べが羽織《はおり》花ごろも　宗房《そうぼう》

『貝《かい》おおい』では、このような勝負を三十回しています。

「ちょいちょい」は花の枝《えだ》を鎌《かま》で切る音ですが、同時にこれは当時の流行語《りゅうこうご》でした。「いいぞ、いいぞ」とほめるとき、「ちょい、ちょい」と言ったのです。

宗房《そうぼう》の「きてもみよ」は「来てもみよ」と「着てもみよ」を掛《か》けた掛詞《かけことば》です。「甚《じん》べが羽織《はおり》」は甚兵衛羽織《じんべえばおり》、すなわち袖《そで》なしの羽織《はおり》、「花ごろも」は花見に行く時の着物です。つまり、この句《く》は、甚兵衛羽織《じんべえばおり》を花衣にして花見をどうぞ、とすすめているのでしょう。勝負の判定《はんてい》をするのは宗房《そうぼう》ですから、ここは相手に花を持たせて、露節《ろせつ》の句《く》を勝ちにしました。『貝《かい》おおい』には宗房《そうぼう》をいれて三十七名の作者が登場しています。伊《い》賀上野《がうえの》の俳句好《はいくず》きな人たちで、宗房《そうぼう》の俳句《はいく》の実力を認《みと》めていた人びとです。

そういえば、宗房《そうぼう》が『貝《かい》おおい』を編集《へんしゅう》したころ、大坂《おおさか》では、井原《いはら》西鶴《さいかく》が活動を開始していました。『貝《かい》おおい』の出来た次の年、西鶴《さいかく》は『生玉万句《いくたままんく》』という本を出しています。西鶴《さいかく》は宗房《そうぼう》より二歳《さい》の年上ですが、やがて二人は、江戸《えど》の芭蕉《ばしょう》、大坂《おおさか》の西鶴《さいかく》としてライバルになります。『生玉万句《いくたままんく》』を出した西鶴《さいかく》は、流行していた大矢数《おおやかず》に熱中《ねっちゅう》します。大《おお》矢数《やかず》とは一昼夜（二十四時間）に作る俳句《はいく》の数を競《きそ》う早作り競走です。一六八四年の夏、西鶴《さいかく》はなんと一昼夜に二万三千五百句《く》を作りました。

時間を測《はか》る係、俳句《はいく》の規則《きそく》を点検《てんけん》する係、医者などを用意して、舞台《ぶたい》に立った西鶴《さいかく》は、よどみなく五七五、七七を繰《く》り返したのです。あまりの早さに記録係《きろくがかり》は、どんな句《く》かを書きとめることができず、句《く》を数えるのがせいいっぱいでした。

一六七二年の春、宗房《そうぼう》は江戸《えど》（今の東京）に下《くだ》りました。今は、東京へ行くことを上京《じょうきょう》と言い、列車や高速道路も東京へ向かうことを上《のぼ》ると言いますが、当時は関西《かんさい》（上方《かみがた》）が政治《せいじ》や文化の中心でした。だから、江戸《えど》へ行くことは下《くだ》ることだったのです。

しかし、徳川家康《とくがわいえやす》が幕府《ばくふ》を置《お》いた江戸《えど》は、政治《せいじ》の中心になってきていて、都市としても年々大きくなっていきます。勢《いきお》いよく成長《せいちょう》を続《つづ》ける都市、それが宗房《そうぼう》が出て行った江戸《えど》でした。

江戸《えど》で宗房《そうぼう》は何をしたかというと、プロの俳人《はいじん》をめざしたのです。

そのためにも宗房《そうぼう》は、江戸《えど》に出てしばらくして、あの『貝《かい》おおい』を本にして販売《はんばい》しました。でも、評判《ひょうばん》にはならず、あまり売れませんでした。俳句《はいく》で暮《く》らしをたてることのできない宗房《そうぼう》は、いろんな仕事をしました。たとえば、水道工事の事務《じむ》のようなことをしたのです。

出身地の伊賀《いが》は忍者《にんじゃ》で知られることから、幕府《ばくふ》の忍者《にんじゃ》として働いたのでは、と想像《そうぞう》する人もいます。でも、宗房《そうぼう》は、忍術《にんじゅつ》や武芸《ぶげい》を身につけてはいません。アルバイトのような仕事をしながら、俳句《はいく》のプロをめざしたのでした。

江戸《えど》に来て三年後、彼《かれ》は大坂《おおさか》からやって来た人気の俳人《はいじん》、西山宗因《にしやまそういん》の歓迎会《かんげいかい》に出ました。

宗因《そういん》の本業は大坂《おおさか》の天満宮《てんまんぐう》に勤《つと》める連歌師《れんがし》ですが、流行語などを大胆《だいたん》につかう奇抜《きばつ》な俳句《はいく》が得意《とくい》でした。井原西鶴《いはらさいかく》などが宗因《そういん》に師事《しじ》していて、

*大坂《おおさか》　このころは、今の大阪《おおさか》に、この字をあてて書いていました。

宗因《そういん》の俳句《はいく》は談林俳諧《だんりんはいかい》と呼《よ》ばれていました。

その日、宗房《そうぼう》はわくわくして出かけました。今や、談林俳諧《だんりんはいかい》は大流行の気配でした。その新しい俳句《はいく》の会へ出ることが、彼《かれ》を熱《あつ》くしていたのです。

ながむとて花にもいたしくびの骨《ほね》　宗因《そういん》
あら何ともなや昨日《きのう》は過《す》ぎて河豚汁《ふぐとじる》　桃青《とうせい》

さて、注目してほしいのは、二番目の句《く》の作者名です。桃青《とうせい》、これはじつは宗房《そうぼう》の新しい俳号《はいごう》です。

宗房《そうぼう》から桃青《とうせい》になった彼《かれ》は、流行の談林調《だんりんちょう》の俳句《はいく》を作ります。

歌人、西行《さいぎょう》に「ながむとて花にもいたくなりぬれば散《ち》る別れこそ悲しかりけれ」(新古今和歌集《しんこきんわかしゅう》)という和歌があります。ながめて花(サクラ)にすっかりなれ親しんだので、散《ち》って花と別れるのはつらい、という歌です。宗因《そういん》はこの歌の一部をそのまま取りこみました。そして、すっかりの意味の「いたく」を、首の骨《ほね》が痛《いた》いにかえました。長くながめると、きれいな花であっても首の骨《ほね》が痛《いた》いよ、と作ったのです。

桃青《とうせい》の句《く》は、毒《どく》のこわい河豚汁《ふぐじる》を食べたけど、昨日が無事《ぶじ》に過《す》ぎた。ああ、うれしい、というもの。「あら何ともなや」は謡曲《ようきょく》「芦刈《あしかり》」の「あら何ともなや候《そうろう》」という科白《せりふ》をやはりそのまま取りこんでいます。和歌や謡曲《ようきょく》の風流《ふうりゅう》な言葉を、首の骨《ほね》とか河豚《ふぐ》の毒《どく》という現実的《げんじつてき》なものと取り合わせる、それが談林調《だんりんちょう》のひとつの傾向《けいこう》でした。

一六八十年、三十七歳《さい》になった桃青《とうせい》は、『桃青門弟独吟《とうせいもんていどくぎん》二十歌仙《かせん》』という本を出しました。

歌仙《かせん》とは三十六句《く》からなる連句《れんく》ですが、それを桃青《とうせい》の門弟《もんてい》が一人ずつ作り、二十の歌仙《かせん》を集めたのがこの本です。桃青《とうせい》は江戸《えど》のプロの俳人《はいじん》としてまさに頭角《とうかく》をあらわしたのです。「桃青門弟《とうせいもんてい》」という言い方に胸《むね》をはっている桃青《とうせい》の姿《すがた》を感じます。

その前の年に、桃青《とうせい》は、万句興《まんくこう》行《ぎょう》をしています。

万句《まんく》とは百句からなる連句を百編も集めたものです。そんなにたくさんの句《く》を作るためには、多く

の人びとが参加《さんか》しないとできません。その万句《まんく》を作る催《もよお》しが万句興《まんくこう》行《ぎょう》ですが、十数日はかかる、おおがかりな会になります。西鶴《さいかく》も十二日間をかけてやはり万句興行《まんくこうぎょう》をしています。あの『生玉万句《いくたままんく》』がそれでした。

　プロの俳人《はいじん》になることを立机《りっき》と言います。その立机《りっき》のための儀式《ぎしき》が、じつは万句興行《まんくこうぎょう》でした。桃青《とうせい》は、このとき立机《りっき》してプロになったのです。

　プロの俳人《はいじん》になった桃青《とうせい》は、

四十歳《さい》を目前《もくぜん》にしていました。江戸《えど》時代では、今よりも寿命《じゅみょう》が短いので、四十歳《さい》といえばすでに初老《しょろう》です。本業を退《しりぞ》いて隠居《いんきょ》するのも四十歳《さい》ごろでした。その四十歳《さい》が近づいて、桃青《とうせい》はやっと一人前の俳人《はいじん》になったのです。

この年の冬、桃青《とうせい》は江戸《えど》の街中《まちなか》から郊外《こうがい》の深川《ふかがわ》に引っ越《こ》しました。桃《とう》青《せい》がいよいよ芭蕉《ばしょう》へと飛躍《ひやく》する、そんな日が近づいています。

三　芭蕉《ばしょう》の誕生《たんじょう》

桃青《とうせい》の引っ越《こ》した深川《ふかがわ》は、現在《げんざい》の地名でいえば江東区深川《こうとうくふかがわ》、隅田川《すみだがわ》の東です。近所に、魚を生かしておくいけすがあり、行き来する船の帆《ほ》のはるかな先には、富士山《ふじさん》が見えました。

引っ越《こ》して一年目の春、桃青《とうせい》の家の庭にバショウ（芭蕉《ばしょう》）が植えられました。門人の李下《りか》からの引っ越《こ》し祝《いわ》いのプレゼントでした。

バショウは、バショウ科の多年草です。高さが四メートルくらいになり、楕円形《だえんけい》の大きな葉が特色《とくしょく》です。中国原産《げんさん》といわれ、庭園によく植えられています。

バショウによく似《に》た植物のバナナも、大型《おおがた》のバショウ科の多年草です

が、バナナはアジアの熱帯《ねったい》地方の原産《げんさん》です。ちなみに、バナナには実バショウという別名《べつめい》があります。実を食べるバショウ、という意味です。バショウにもバナナに似《に》た五センチくらいの実がつきますが、ふつうは食べません。

李下《りか》が言いました。

「この家の土地にバショウが合っているのかもしれませんね。わが家のバショウの株《かぶ》を分けてここに植えたのですが、ここのバショウのほうが元気がよいですよ。」

「私《わたし》もだんだんバショウが好《す》きになっていますよ。ながめていると、あきないのだよ。バショウの葉のゆれる先に白帆《しらほ》が見えたりして、バショウは今やわが家の自慢《じまん》です。」

「そういえば、このごろ、この家を芭蕉庵《ばしょうあん》と呼《よ》ぶ人がいます。私《わたし》も、今日は芭蕉庵《ばしょうあん》へ行く、と言って家を出てきました。」

「うん、たしかに。それでね、私《わたし》は芭蕉《ばしょう》と名乗ってもいいかな、と思っていますよ。」

「芭蕉庵《ばしょうあん》の芭蕉《ばしょう》ですか。いいですね。私《わたし》は芭蕉《ばしょう》門下の俳人《はいじん》ということになりますね。なんだかうれしいなあ。」

李下《りか》は、はしゃぎました。ちなみに、「庵《あん》」は「家」とほぼ同じ意味の言葉です。

芭蕉《ばしょう》がここに登場したのです。いよいよ芭蕉《ばしょう》の時代の始まりです。

もっとも、しばらくは桃青《とうせい》の名がおもに使われ、ゆっくりと芭蕉《ばしょう》の使用が増《ふ》えてゆくのですが。

芭蕉野分《ばしょうのわき》して盥《たらい》に雨を聞く夜かな

そのころに作った句《く》です。庭のバショウに野分《のわき》（秋の強い風）が吹《ふ》いて、大きな葉がばさばさとゆれます。室内の自分は盥《たらい》で雨もりを受けながら、その盥《たらい》に落ちる雨音を楽しんでいる、というのです。芭蕉庵《ばしょうあん》の簡《かん》素《そ》な暮《く》らしを楽しんでいるようすが目に見えますね。

バショウという植物は、じつは中国の詩人や画家に愛《あい》されたのです。桃青《とうせい》は李白《りはく》、杜甫《とほ》などの詩を読み、また、荘子《そうし》、老子《ろうし》という思想家にひかれていました。李白《りはく》や杜甫《とほ》は、中国の唐《とう》の時代の大詩人ですが、明治《めいじ》時代になって西洋の文化がどっと入って来るまで、日本の人びとのあこがれた詩人が彼《かれ》らでした。

桃青《とうせい》という俳号《はいごう》も、李白《りはく》にちなむのでしょう。

李白《りはく》の「李《り》」はスモモ、李白《りはく》は白いスモモです。その李白《りはく》を意識《いしき》して、自分はまだ熟《う》れていない桃《もも》、すなわち青い桃《もも》だ、と考え、それで桃青《とうせい》と名乗ったのではないでしょうか。いずれは李白《りはく》のようになりたい、という思いが桃青《とうせい》の名にこめられていました。

中国の詩や思想に学んでいたこの時期、次のような俳句《はいく》を詠《よ》んでいます。

枯枝《かれえだ》にからすのとまりけり秋の暮《くれ》
藻《も》にすだく白魚《しらうお》やとらば消《き》えぬべき
馬ぼくぼくわれを絵に見る夏野かな
朝顔に我《われ》は飯《めし》食う男かな

「藻《も》にすだく」は藻《も》に集まっている、「とらば消えぬべき」は手に取ったら消えてしまうだろう、という意味です。「われを絵に見る」は、自分の姿《すがた》を馬に乗った絵としてながめる、ということ。これらの句《く》の風景《ふうけい》が目にうかびますね。これまでの俳句《はいく》は言葉で遊ぶものでしたが、これらは〈五七五の言葉の絵〉になっています。五七五の言葉の絵、それが芭蕉《ばしょう》の俳句《はいく》です。

ところで、バショウのしげった芭蕉庵《ばしょうあん》は、一六八二年十二月の江戸《えど》の大火で焼《や》けてしまいます。芭蕉《ばしょう》は一時、甲斐国谷村《かいのくにやむら》の門人を頼《たよ》って約《やく》半年間の避難《ひなん》生活をしました。

一六八三年秋、五十人を超《こ》す弟子たちが寄付《きふ》をして、芭蕉庵《ばしょうあん》が再《ふたた》び建《た》てられます。新築《しんちく》の芭蕉庵《ばしょうあん》の庭には、シンボルツリーのあのバショウが、また植えられました。

　＊谷村《やむら》　現在《げんざい》の山梨県都留市《やまなしけんつるし》

四 死を覚悟《かくご》の旅

一六八四年八月、四十一歳《さい》の芭蕉《ばしょう》は旅に出発しました。その旅立ちの思いを詠《よ》んだのが次の句《く》です。

野ざらしを心に風のしむ身かな

野ざらし（風や雨にさらされた白骨《はっこつ》）になることを覚悟《かくご》をした私《わたし》の心に秋風がしみるなあ、という句《く》です。

死ぬかもしれない、あるいは死んでもよいと思って、芭蕉《ばしょう》は旅立ちました。

翌年《よくとし》の四月まで旅が続《つづ》き、のちに芭蕉《ばしょう》は『野ざらし紀行《きこう》』として記録《きろく》しました。千里《ちり》という門人が、いっしょに旅をして芭蕉《ばしょう》を助けました。

深川《ふかがわ》や芭蕉《ばしょう》を富士《ふじ》に預《あず》け行く　　千里《ちり》

これは『野ざらし紀行《きこう》』に出ている千里《ちり》の句《く》です。「深川《ふかがわ》や」は、深《ふか》川《がわ》の芭蕉庵《ばしょうあん》よ、と芭蕉庵《ばしょうあん》に呼《よ》びかけた表現《ひょうげん》です。庭のバショウを頼《たの》もしい富士山《ふじさん》に預《あず》けて行く、だから心配しなくてもいいよ、というのでしょう。そして、この旅では自分が芭蕉《ばしょう》の世話をする、だから心配はない、とも言っているのです。

旅は箱根《はこね》の関所《せきしょ》を越《こ》え、大井川《おおいがわ》を渡《わた》り、西へ西へと向かいます。

馬上の吟《ぎん》

道《みち》の辺《べ》の木槿《むくげ》は馬に食《く》はれけり

「馬上の吟《ぎん》」とは馬に乗ったまま詠《よ》んだということです。自分の乗っている馬が、ひょいと道ばたのムクゲの花を食べました。それをムクゲの気持ちになって、「食《く》はれけり」（食べられた）と表現《ひょうげん》しています。ムクゲに同情《どうじょう》しているのですが、これは、意外なことのおこる旅をおもしろがっているのでしょう。

九月の初《はじ》めには故郷《こきょう》の伊賀上野《いがうえの》にもどりました。故郷《こきょう》では、兄の髪《かみ》が白くなっているのに驚《おどろ》いたりして、こんどは奈良《なら》に向かいました。当麻《たいま》寺《でら》を経《へ》て吉野山《よしのやま》に登り、西行《さいぎょう》が旅をしたあとをあちこちとたずねました。

西行《さいぎょう》は、平安時代の終わりごろから鎌倉《かまくら》時代にかけて活躍《かつやく》した歌人で

す。元《もと》は武士《ぶし》でしたが、出家《しゅっけ》、すなわち僧侶《そうりょ》になって、西行《さいぎょう》と名乗りました。全国各地《かくち》を旅し、旅の体験《たいけん》による思いをたくさんの和歌に詠《よ》みました。歌集に『山家集《さんかしゅう》』があります。旅の歌人、西行《さいぎょう》は芭蕉《ばしょう》のあこがれの人でした。

露《つゆ》とくとく試《こころ》みに浮世《うきよ》すすがばや

吉野《よしの》には西行《さいぎょう》の住んだ西行庵《さいぎょうあん》の跡《あと》があり、そこには西行《さいぎょう》が歌に詠《よ》んだとくとくの泉《いずみ》が、今なお昔のすがたをとどめ、岩から水がとくとくと落ちていました。それを見ていると、この世の汚《よご》れを洗《あら》い流したい気になりました。西行《さいぎょう》の気分に近づきたくなったのです。

今の京都府《きょうとふ》、滋賀県《しがけん》を通過《つうか》して、芭蕉《ばしょう》は岐阜県大垣《ぎふけんおおがき》に至《いた》りました。そして、大垣《おおがき》にいた門人、谷木因《たにぼくいん》の家を宿にして、くつろいだ日々を過《す》ご

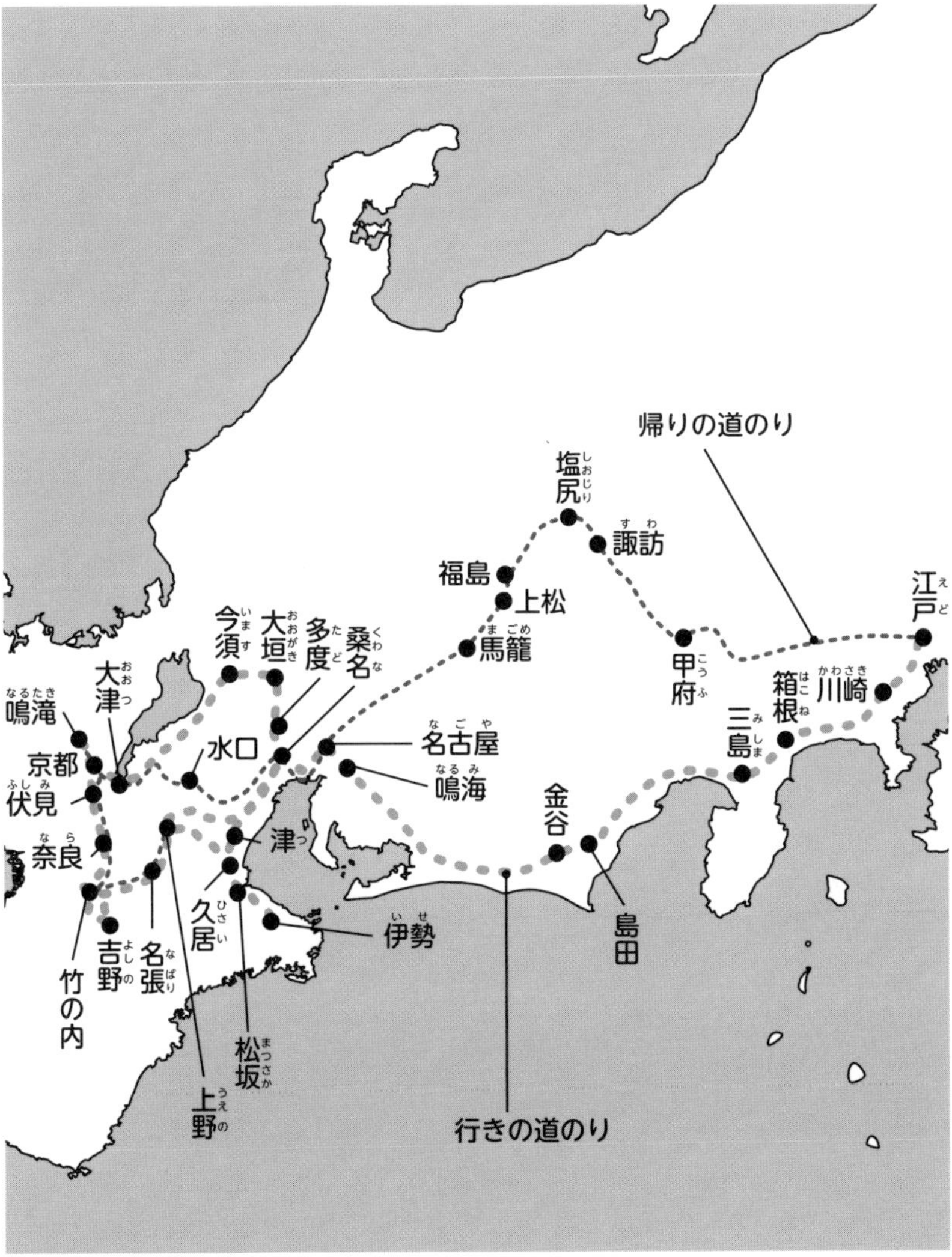

野ざらし紀行《きこう》の旅でたずねたおもな場所

しました。

死にもせぬ旅寝《たびね》の果《は》てよ秋の暮《くれ》

野ざらしを覚悟《かくご》していたのに、死にもしないでくつろいでいる、うふふっ、という句《く》です。大垣《おおがき》には一か月以上《いじょう》も滞在《たいざい》し、その間にたくさんの門人ができました。じつはこの旅では、行く先々で芭蕉風《ばしょうふう》の俳句《はいく》を広め、そして弟子を増《ふ》やしました。この後、三重県桑名《みえけんくわな》を経《へ》て名古屋《なごや》へ行くのですが、名古屋《なごや》にも多くの門人ができました。

あけぼのや白魚《しらうお》白きこと一寸《いっすん》
海暮《く》れて鴨《かも》の声ほのかに白し

海辺《うみべ》の風景《ふうけい》を詠《よ》んだ句《く》ですが、夜明けのまっ白い一寸《いっすん》（約《やく》三センチ）のシラウオ、白く聞こえるカモの声が印象的《いんしょうてき》です。芭蕉《ばしょう》はとても調子がよいというか、乗りに乗っている感じです。

年末《ねんまつ》には、芭蕉《ばしょう》は再《ふたた》び伊賀上野《いがうえの》にもどり、故郷《こきょう》で年をこして、こんどは奈良《なら》へ向かい、東大寺《とうだいじ》のお水取りを見てから琵琶湖《びわこ》をめざします。

水取りや氷の僧《そう》の沓《くつ》の音

「氷の僧《そう》の沓《くつ》の音」とは寒さに凍《こご》え、氷のように見えるお坊《ぼう》さんの靴《くつ》の音です。お水取りのあざやかな「五七五の言葉の風景《ふうけい》」が描《えが》かれています。

芭蕉《ばしょう》は四月の末《すえ》に江戸《えど》に帰ってきますが、『野ざらし紀行《きこう》』では帰りに甲斐国《かいのくに》に立ち寄《よ》ったとあるのみです。

＊甲斐国《かいのくに》　現在《げんざい》の山梨県《やまなしけん》

この旅で、彼《かれ》は各地《かくち》に門人を増《ふ》やし、また、旅を日常《にちじょう》とする暮《く》らしに自信《じしん》をもちました。それが、やがて『奥の細道』の旅へとつながっていくのです。

一六八六年の春、有名な句《く》が生まれました。

芭蕉《ばしょう》とその門下の人びとは、「蛙合《かわずあわせ》」という句合《くあ》わせをしています。伊賀上野《いがうえの》で作った『貝《かい》おおい』と同じ形式の句合《くあ》わせです。参加《さんか》したのは芭蕉《ばしょう》をふくめて四十名、みんなが蛙《かえる》の俳句《はいく》を作った二十番の句合《くあ》わせでした。

古池や蛙《かわず》飛《と》び込《こ》む水の音　芭蕉《ばしょう》

いたいけに蛙《かわず》つくばう浮葉《うきは》かな　仙化《せんか》

芭蕉庵《ばしょうあん》に集まり、まずこの二つの句《く》を合せたところ、次々と蛙《かえる》の句《く》ができて、結局《けっきょく》、二十番の戦《たたか》いになりました。この『蛙合《かわずあわせ》』では勝負を集まったみんなで決めて、それを仙化《せんか》が後でまとめ、一冊《さつ》の本にしました。ちなみに、一番のこの戦《たたか》いだけは優劣《ゆうれつ》の判定《はんてい》がくだされていません。判定《はんてい》をくだすまでもなく、芭蕉《ばしょう》の句《く》がすぐれているということでしょうか。

仙化《せんか》の句《く》は、かわいらしく蛙《かえる》がつくばっている浮葉《うきは》だなあ、というもの。かわいい風景《ふうけい》ですが、どこかで見たような風景《ふうけい》なので、俳句《はいく》としてはとても平凡《へいぼん》です。

それに対して、芭蕉《ばしょう》の句《く》はいろんな意味で新しいのです。まずは、飛《と》ぶ蛙《かえる》を詠《よ》んでいます。これまで、和歌でも俳句《はいく》でも蛙《かえる》は歌うものでした。飛《と》ばないのです。例《たと》えばこんな句《く》があります。

手をついて歌申しあぐる蛙《かわず》かな　　**宗鑑《そうかん》**

宗鑑《そうかん》は室町《むろまち》時代の人で、俳句《はいく》の祖《そ》と言われる人ですが、両手を前について歌をうたう蛙《かえる》のようすを俳句《はいく》にしています。このように、蛙《かえる》は歌をうたうものでした。

『古今和歌集《こきんわかしゅう》』の序文《じょぶん》で、紀貫之《きのつらゆき》は次のように言いました。

花に鳴く鶯《うぐいす》、水に住む蛙《かわず》の声を聞けば、生きとし生けるもの、いずれか歌をよまざりける。

「生きとし生けるもの」とは「生きているものすべて」です。そのすべての生物は、鶯《うぐいす》や蛙《かえる》の声を聞くと自分も歌いたくなる、と貫之《つらゆき》は言います。貫之《つらゆき》が中心になって編集《へんしゅう》した古今和歌集《こきんわかしゅう》は、十世紀《せいき》の初《はじ》めにできましたが、それができてから、この歌集は日本の詩歌や文化の手本になりました。つまり、蛙《かえる》は歌うものという見方は、十世紀《せいき》からずっと続《つづ》いてきたのです。芭蕉《ばしょう》の句《く》はその見方をくつがえしました。飛《と》ぶ蛙《かえる》を、ほぼ初《はじ》めて詩歌に登場させたのです。

さらにいえば、この句《く》はなぞ解《と》きではないでしょうか。まず、「古池や」（古池とは何か）と問いかけ、その答えが「蛙《かわず》飛《と》び込《こ》む水の音」（蛙《かえる》が飛《と》び込《こ》んで立てる水の音）です。つまり、なぞ解《と》きのおもしろさがこの句《く》なのです。

このなぞ解《と》きのような句《く》は、このあとも、芭蕉《ばしょう》によってたくさん作られていきます。

五 俳《は》句《いく》を芸《げい》術《じゅつ》にする

古池や蛙《かわず》飛《と》び込《こ》む水の音

この俳《はい》句《く》は、芭《ば》蕉《しょう》の代表作ですが、昔から今に至《いた》るすべての俳《はい》句《く》の中で、もっとも有名なものです。

芭《ば》蕉《しょう》とその門人たちは、この句《く》を最《さい》初《しょ》に置いて句《く》合《あ》わせをしました。『蛙合《かわずあわせ》』は、そのあとには、こんな句《く》が続《つづ》きます。

雨の蛙《かわず》声高になるも哀《あわれ》なり　素《そ》堂《どう》
泥《どろ》亀《がめ》と門《かど》をならぶる蛙《かわず》かな　文《ぶん》鱗《りん》

「雨の蛙《かえる》は雨降《ふ》りの日の蛙《かえる》だよね。それがどうして哀《あわ》れ、すなわち、かわいそうなんだい。」

「かわいそうだという意味じゃないよ。この哀《あわ》れは風流《ふうりゅう》ということ。ですよね、芭蕉《ばしょう》先生。」

「うん、そうだ、そうだ。文鱗《ぶんりん》の句《く》は泥亀《どろがめ》と蛙《かえる》が向き合って、自分の縄《なわ》張《ば》りを守っている、というのだね。これ、おもしろいなあ。」

「おもしろいですね。こっちの勝ちだなあ。」

「賛成《さんせい》！　雨の日の蛙《かえる》は平凡《へいぼん》だもの。」

その場の人びとはこんなふうに言い合って勝負を決めました。ここでは結局《けっきょく》、素堂《そどう》の句《く》が勝っています。

きろきろと我頬《わがつら》守る蛙《かわず》かな　嵐蘭《らんらん》

人あしを聞きしり顔の蛙《かわず》かな　孤屋《こおく》

この勝負は嵐蘭《らんらん》の句《く》が勝ちました。きょろきょろしてあたりに気をくばって自分を守ろうとする蛙《かえる》のようすです。それに対して、孤屋《こおく》の句《く》の蛙《かえる》は、人の足音が分かるような感じの蛙《かえる》です。どっちの蛙《かえる》がいいか。集まった人びとが夢中《むちゅう》になって議論《ぎろん》して、きょろきょろする蛙《かえる》の勝ちと決めたのです。なんだかおかしいですね。いい大人たちが蛙《かえる》をめぐっての議論《ぎろん》に熱中《ねっちゅう》しているのですから。

では、最初《さいしょ》の、芭蕉《ばしょう》の蛙《かえる》の句《く》は、どこが魅力《みりょく》なのでしょうか。前にも言いましたが、まずは飛《と》ぶ蛙《かえる》が新鮮《しんせん》です。蛙《かえる》は、今までは、その歌声が詠《よ》まれてきたのでした。ところが、芭蕉《ばしょう》は蛙《かえる》を池へ飛《と》び込《こ》ませました。蛙《かえる》は水音を立てたのです。それは詩歌においていて見たことのなかった蛙《かえる》でした。

「古池や」（古池がある）とまず古い池を示《しめ》し、つぎに蛙《かえる》を飛《と》ばせて水音を立てさせたその場面の展開《てんかい》も見事です。しーんとした古池に水音が一つして、その後はいっそうしーんと静《しず》かになったのです。蛙《かえる》の立てた水音は、まるで私《わたし》たちのいる宇宙《うちゅう》の音、という感じがします。

もっとも、別の読み方もできます。古池は用事がなくなって見捨《みす》てられた池です。荒《あ》れたその古池に、春になると蛙《かえる》がもどってきて水音を立てたのです。静《しず》かというより、春の生き生きとした気分がただよっています。蛙《かえる》も一匹《ぴき》でなく、数匹《すうひき》が飛《と》び込《こ》んでいるのです。

これは静《しず》かな俳句《はいく》なのか、にぎやかな俳句《はいく》なのか。さて、あなたはどう思いますか。

俳句《はいく》はいろんな読み方ができます。一つの読み方だけを正解《せいかい》とするのではなく、いろんな読み方をしながら、よりすてきな読みをめざしたらどうでしょうか。

「蛙合《かわずあわせ》」のあった翌年《よくとし》の十月、江戸《えど》を出た芭蕉《ばしょう》は、東海道《とうかいどう》をたどって帰郷《ききょう》の旅に出ました。翌年《よくとし》の四月までかかったこの「笈《おい》の小文」の旅では、名古屋《なごや》、伊賀上野《いがうえの》、伊勢神宮《いせじんぐう》、吉野《よしの》、奈良《なら》、大坂《おおさか》、明石《あかし》などをたずねました。

いざ行かん雪見にころぶ所まで
若葉《わかば》して御目《おんめ》の雫《しずく》ぬぐわばや
蛸壺《たこつぼ》やはかなき夢《ゆめ》を夏の月

「いざ行かん」は、さあ行こう、です。

若葉《わかば》の句《く》は、奈良《なら》の唐招提寺《とうしょうだいじ》の鑑真和尚《がんじんおしょう》を詠《よ》んだものです。中国から日本へ渡《わた》ってきた鑑真《がんじん》は、途中《とちゅう》の船中で潮風《しおかぜ》などに吹《ふ》かれ目を悪くして

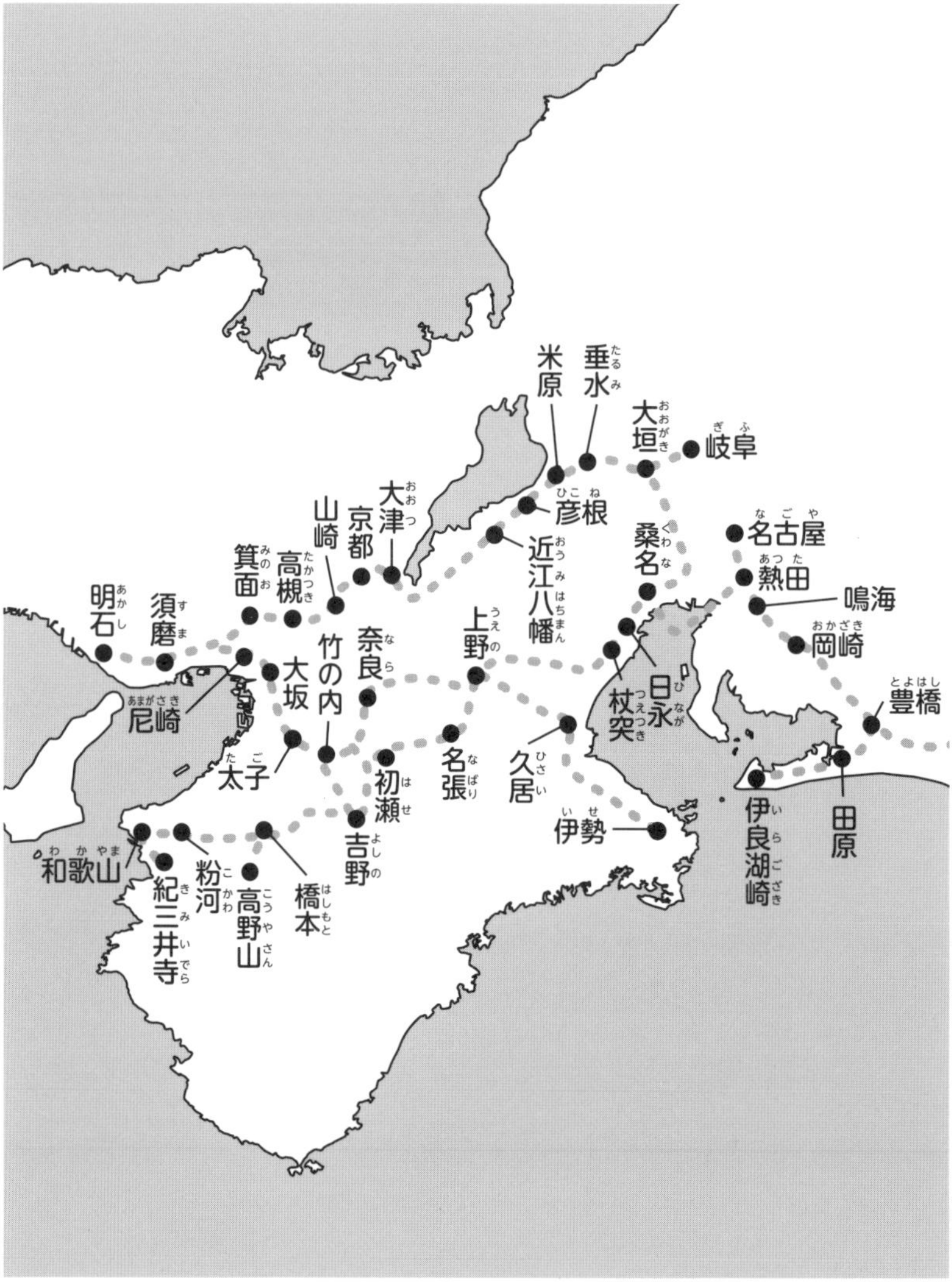

笈《おい》の小文の旅でたずねたおもな場所

しまいました。その鑑真像《がんじんぞう》をおがんで詠《よ》んだのです。

「蛸壺《たこつぼ》や」は蛸壺《たこつぼ》とは何か、というなぞかけではないでしょうか。海の底の蛸壺《たこつぼ》の中にはタコが寝《ね》ています。夢《ゆめ》で夏の月を見たりしながら。つまり、芭蕉《ばしょう》は、蛸壺《たこつぼ》の中で眠《ねむ》るタコの気分になっているのです。タコ気分の芭蕉《ばしょう》って、おかしくて、楽しいですね。


『笈《おい》の小文』は、芭蕉《ばしょう》が書き残《のこ》していた原稿《げんこう》を集め、門人の乙州《おとくに》が編《へん》集《しゅう》した本です。ただし、このときすぐにまとめたのではありません。なぜなら、芭蕉《ばしょう》は、この旅のあと「奥の細道」の旅に出かけます。そして、そのあとに直した俳句《はいく》や文章が『笈《おい》の小文』に入っているのです。

『笈《おい》の小文』は、実際《じっさい》の旅の時のままのものではありませんが、「奥の細道」で、より長い旅を体験《たいけん》した芭蕉《ばしょう》の思いが出ています。例《たと》えば、こんな文章があります。

西行《さいぎょう》の和歌における、宗祇《そうぎ》の連歌における、雪舟《せっしゅう》の絵における、利休《りきゅう》が茶における、その貫道《かんどう》するものは一《いつ》なり。しかも風雅《ふうが》におけるもの、造化《ぞうか》にしたがいて四時《しいじ》を友とす。見るところ花にあらずということなし。思うところ月にあらずということなし。像《かたち》、花にあらざる時は夷狄《いてき》にひとし。心、花にあらざる時は鳥獣《ちょうじゅう》に類《るい》す。夷狄《いてき》を出《い》で、鳥獣《ちょうじゅう》を離《はな》れて、造化《ぞうか》にしたがい、造《ぞう》化《か》にかえれとなり。

同じような言い方がなんども繰《く》り返されていて、それが気持ちのよいリズムを生み出しています。内容《ないよう》もまたも芭蕉《ばしょう》の自信《じしん》が満《み》ちています。最初《さいしょ》に、西行《さいぎょう》、宗祇《そうぎ》、雪舟《せっしゅう》、利休《りきゅう》とそれぞれの道の第一人者の名を並《なら》べています。書かれてはいませんが、ここには「芭蕉《ばしょう》の俳句《はいく》における」も入っているのです。つまり、芭蕉《ばしょう》が西行《さいぎょう》や宗祇《そうぎ》と肩《かた》を並《なら》べているのです。「その貫道《かんどう》するものは一《いつ》なり」は、和歌から芭蕉《ばしょう》の俳句《はいく》まで、風雅《ふうが》というまったく同じものが貫《つらぬ》いている、というのです。

風雅《ふうが》を今の言葉に置きかえると芸術《げいじゅつ》でしょうか。俳句《はいく》は、和歌や連歌などと比《くら》べると、品がなくて劣《おと》っている、と見なされていました。その俳句《はいく》を、芭蕉《ばしょう》は和歌や連歌などと同列に置いたのです。

造化《ぞうか》は自然界《しぜんかい》の法則《ほうそく》、四時は四季《しき》（春、夏、秋、冬）のことです。四季《しき》を友だちにしながら、自然界《しぜんかい》の美の象徴《しょうちょう》である花や月に親しむ、それが風雅《ふうが》の人の日々であるべきだ、と芭蕉《ばしょう》は言っています。心にいつも花や月の美しさをもつ人、それが芭蕉《ばしょう》の理想像《りそうぞう》でした。

六　奥の細道の旅へ

「笈《おい》の小文」の旅で明石《あかし》まで行った芭蕉《ばしょう》は、その帰り、京都や岐阜《ぎふ》、名古屋《なごや》などでなんども句会《くかい》をし、自分の目指している蕉風《しょうふう》の俳句《はいく》を広めました。

芭蕉《ばしょう》は、名古屋《なごや》から木曽路《きそじ》をたどり、信州《しんしゅう》の更科《さらしな》の里で前から見たかった姨捨山《うばすてやま》の月を見ました。山の斜面《しゃめん》の小さな田（千枚田《せんまいだ》）にうつる月で、田毎《たごと》の月と呼《よ》ばれて有名な場所でした。その後、善光寺《ぜんこうじ》におまいりし、中仙道《なかせんどう》を通って江戸《えど》にもどりました。

芭蕉《ばしょう》は旅のつかれをいやしながら、俳句《はいく》の会を重ねています。連句《れんく》を巻《ま》いたのです。（連句《れんく》をつくることを「巻《ま》く」といいます。）近所の俳人《はいじん》

*更科《さらしな》　現在《げんざい》の長野県《ながのけん》長野市《ながのし》の一部と千曲市《ちくまし》の一部

が集まって十三夜の月見の会もしています。

一六八九年になりました。

元日は田毎《たごと》の日こそ恋《こい》しけれ

今年の元日には、田毎《たごと》の月を見に行った日がとても恋《こい》しいよ、という意味の句《く》です。

俳人《はいじん》たちは、新しい年を迎《むか》えた喜《よろこ》びを俳句《はいく》に詠《よ》むならわしでした。元日に詠《よ》むその句《く》を歳旦吟《さいたんぎん》と言いました。芭蕉《ばしょう》のこの歳旦吟《さいたんぎん》は旅へのあこがれを表現《ひょうげん》しています。旅にあった日々、それがとても恋《こい》しいのです。

「暖《あたた》かくなったら奥羽《おうう》行脚《あんぎゃ》（東北の旅）に出たい」と芭蕉《ばしょう》は思いました。その気持ちがだんだん強くなり、松島《まつしま》や象潟《きさかた》の風景《ふうけい》を想像《そうぞう》すると、なん

＊松島《まつしま》　宮城県《みやぎけん》の松島湾《まつしまわん》内外。大小260あまりの島がある
＊象潟《きさかた》　現在《げんざい》の秋田県《あきたけん》にかほ市象潟《きさかた》

だか胸《むね》がさわぐ感じでした。芭蕉《ばしょう》は旅に必要《ひつよう》な道具などを用意します。

こんどの旅は、三月二十六日（旧暦《きゅうれき》）の出発と決め、二月の末《すえ》に芭蕉《ばしょう》庵《あん》を売りました。家を売った代金は旅の費用《ひよう》にあてたのです。このとき、シンボルツリーのバショウは、となりの土地に植えかえ、近所の人たちにその世話を頼《たの》みました。

のちの話になりますが、芭蕉《ばしょう》は三年後にもどってきて、元《もと》の芭蕉庵《ばしょうあん》の近くに三度目の芭蕉庵《ばしょうあん》が作られます。その際《さい》、そのバショウが移植《いしょく》されるのです。

昔の中国には、バショウの葉を紙のかわりにして習字の練習をした人がいました。また、冬にはすっかり枯《か》れながらも春になると新しい芽《め》を出すバショウを勉強の手本にした人もいました。じっと耐《た》えながら勉強しよう、そのうちにバショウのように芽《め》が出る、つまり勉強の成果《せいか》が出る、と思ったのです。

でも、芭蕉《ばしょう》は、その例《れい》にはならわない、と言っています。自分としては、庭にバショウを植え、その大きな葉の「風雨に破《やぶ》れやすきを愛《あい》するのみ」なのだそうです。

バショウの花ははなやかさを欠《か》き、幹《みき》は太いけれどもすぐ折《お》れる。材《ざい》木《もく》としてはほとんど役に立たないが、でも、自然《しぜん》のままに芽《め》を出し、風や雨をうけて大きな葉が破《やぶ》れる、その自然体《しぜんたい》がとてもいいではないか、と芭蕉《ばしょう》は考えていたのです。

人は役立つことを重視《じゅうし》しがちです。でも、役にはほとんど立たないが、それがあるだけで心のやすらぐものが、たしかにあります。芭蕉《ばしょう》にとってはバショウがそれでした。俳句《はいく》もまたそうだった、と言ってもよいでしょう。

ともあれ、大好《だいす》きなバショウの世話を、ちゃんと頼《たの》み、旅の支度《したく》は整いました。

一六八九年三月二十七日、芭蕉《ばしょう》は、夜明けとともに旅立ちました。日光《にっこう》から那須《なす》、そして白河《しらかわ》、二本松《にほんまつ》、松島《まつしま》、平泉《ひらいずみ》、大石田《おおいしだ》、酒田《さかた》とめぐり、酒田《さかた》からは日本海ぞいに敦賀《つるが》に至《いた》ります。翌年《よくとし》の八月二十一日に大垣《おおがき》に着きましたが、しばらく大垣《おおがき》にいて、九月六日に伊勢《いせ》へ向かってまた旅立ちました。

この伊勢《いせ》への旅立ちまでが「奥の細道」の旅でした。日数は一五五日、距離《きょり》はおおよそ六百里《り》（一里を四キロメートルとすると二千四百キロメートル）。だいたいは歩き、ほんの少し馬や船に乗りました。

では、芭蕉《ばしょう》はなぜこのようなおおがかりな旅をしたのでしょうか。それは俳人《はいじん》として「造化《ぞうか》にしたがう」ことを実践《じっせん》したのだと思います。芭蕉《ばしょう》が尊敬《そんけい》していた西行《さいぎょう》や宗祇《そうぎ》も旅をしました。彼《かれ》らにならいながら、旅において大自然《だいしぜん》とひとつになることを願ったのでしょう。

＊3月27日　現在《げんざい》の暦では５月１６日になります

月日は百代の過客《かかく》にして、行きかう年も又《また》旅人なり。

これは『奥の細道』の書き出しの文です。月日は永遠《えいえん》の旅人であって、行く年来る年もまた旅人だ、というのです。続《つづ》いて、芭蕉《ばしょう》は次のように書きました。

舟《ふね》の上に生涯《しょうがい》をうかべ馬の口とらえて老《おい》をむかうる者は、日々旅にして旅を棲《すみか》とす。古人も多く旅に死せるあり。予もいずれの年よりか、片雲《へきうん》の風にさそわれて漂泊《ひょうはく》の思いやまず、海浜《かいひん》をさすらえ、去年の秋江上《こうじょう》の破屋《はおく》に蜘《くも》の古巣《ふるす》をはらいて、やや年も暮《く》れ春立てる霞《かすみ》の空に、白河《しらかわ》の関《せき》越《こ》えんとそぞろ神のものにつきて心をくるわせ、道祖神《どうそじん》のまねきにあいて取るもの手につかず、股引《ももひき》の破《やぶ》れをつずり、笠《かさ》の緒《お》付けかえて、三里に灸《きゅう》すうるより、松島《まつしま》の

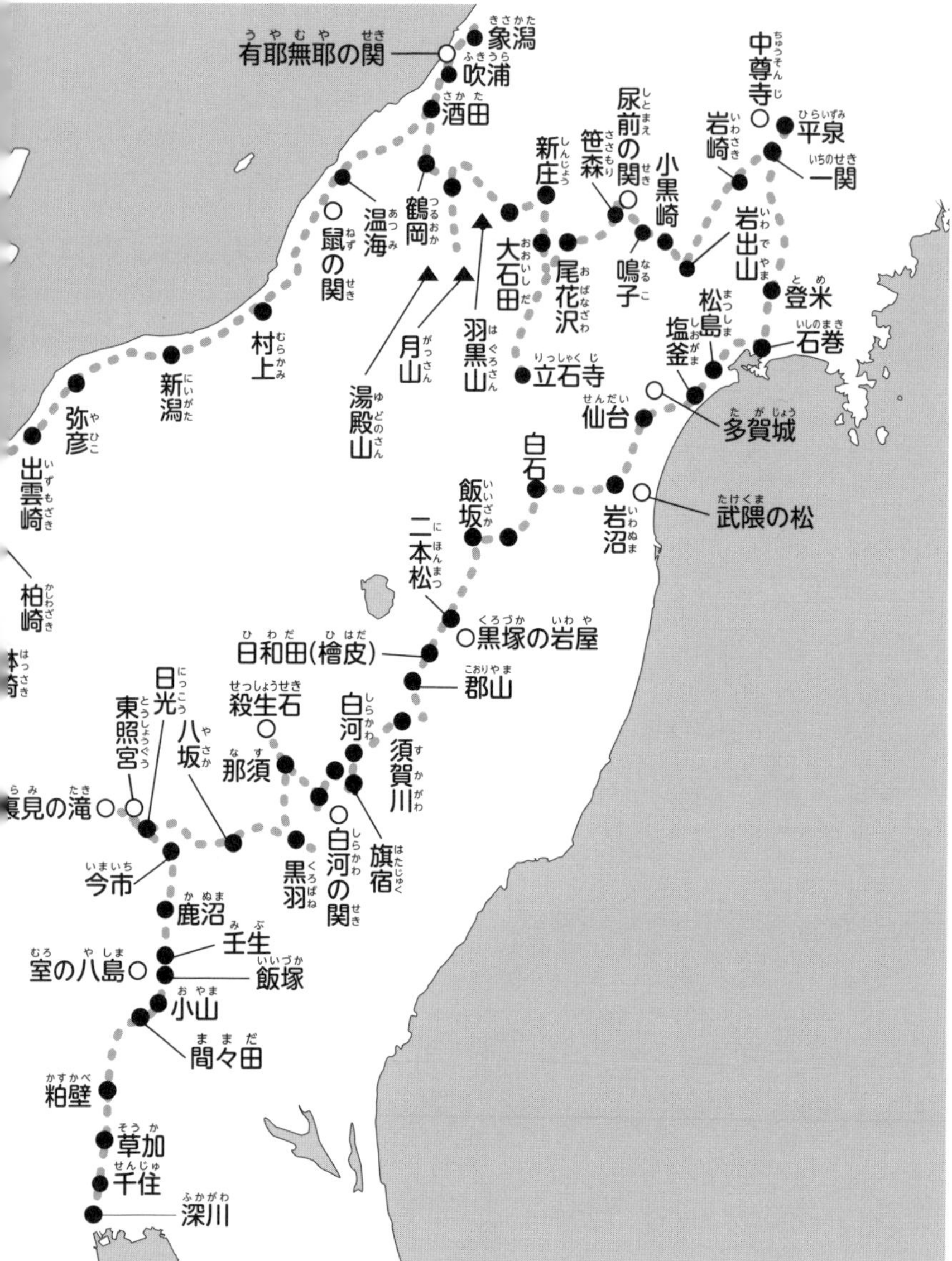
象潟《きさかた》
有耶無耶《うやむや》の関《せき》
吹浦《ふきうら》
酒田《さかた》
中尊寺《ちゅうそんじ》
尿前《しとまえ》の関《せき》
岩崎《いわさき》
平泉《ひらいずみ》
一関《いちのせき》
新庄《しんじょう》
笹森《ささもり》
小黒崎
温海《あつみ》
鶴岡《つるおか》
鼠《ねず》の関《せき》
大石田《おおいしだ》
尾花沢《おばなざわ》
鳴子《なるこ》
岩出山《いわでやま》
登米《とめ》
松島《まつしま》
塩釜《しおがま》
石巻《いしのまき》
村上《むらかみ》
月山《がっさん》
羽黒山《はぐろさん》
立石寺《りっしゃくじ》
湯殿山《ゆどのさん》
新潟《にいがた》
弥彦《やひこ》
出雲崎《いずもざき》
仙台《せんだい》
多賀城《たがじょう》
白石
飯坂《いいざか》
岩沼《いわぬま》
武隈《たけくま》の松
二本松《にほんまつ》
柏崎《かしわざき》
黒塚《くろづか》の岩屋《いわや》
日和田《ひわだ》(檜皮《ひはだ》)
郡山《こおりやま》
日光《にっこう》
東照宮《とうしょうぐう》
殺生石《せっしょうせき》
白河《しらかわ》
八坂《やさか》
那須《なす》
須賀川《すかがわ》
見の滝《たき》
白河《しらかわ》の関《せき》
旗宿《はたじゅく》
今市《いまいち》
黒羽《くろばね》
鹿沼《かぬま》
壬生《みぶ》
室《むろ》の八島《やしま》
飯塚《いいづか》
小山《おやま》
間々田《ままだ》
粕壁《かすかべ》
草加《そうか》
千住《せんじゅ》
深川《ふかがわ》

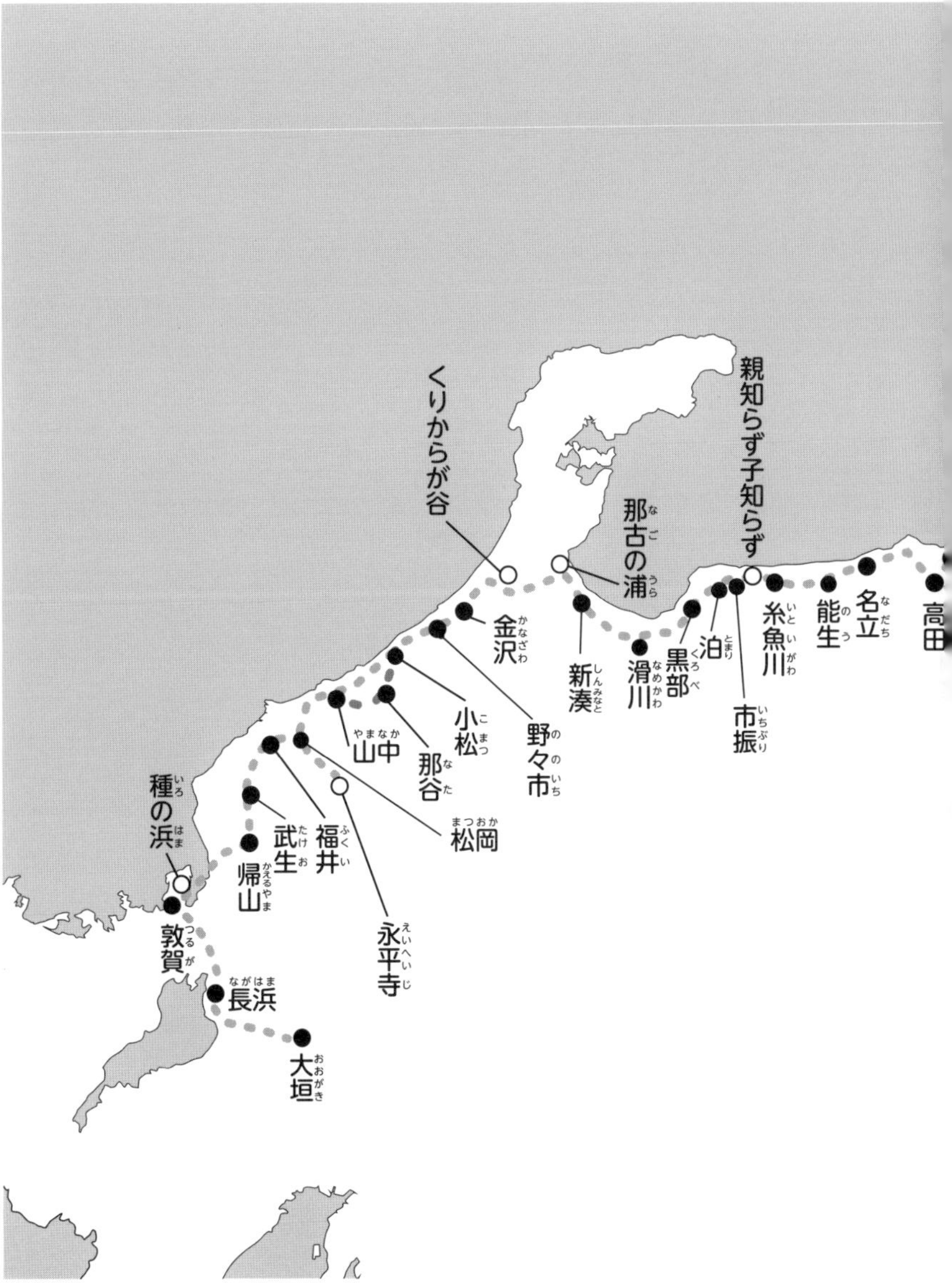

奥の細道の旅でたずねたおもな場所

月まず心にかかりて、住める方は人に譲《ゆず》り杉風《さんぷう》が別墅《べっしょ》が移《うつ》るに、
草の戸も住替《すみかわ》る代《よ》ぞ雛《ひな》の家
表八句《おもてはちく》を庵《あん》の柱に懸《か》け置《お》く。

「舟《ふね》の上に生涯《しょうがい》をうかべ馬の口とらえて老《おい》をむかうる者は、日々旅にして旅を棲《すみか》とす。」ここは船頭とか馬子《まご》のことをさしています。今の職《しょく》業《ぎょう》でいえば、船員とかトラック運転手です。その人たちは毎日のように旅をしています。日々が旅で、旅がふつうの暮《く》らしです。

芭蕉《ばしょう》もそのような旅の暮《く》らしをしたいのです。それで、今回は、白河《しらかわ》の関所《せきしょ》をこえて陸奥《みちのく》へ行きたく、家を売り払《はら》って弟子の杉風《さんぷう》の別宅《べったく》に移《うつ》って、旅立ちにそなえたのです。

「草の戸も」の俳句《はいく》は、自分の住んでいた家に新しい家族が入り、ひな人形を飾《かざ》っている、というもの。その家の変化《へんか》に、旅人である時間を

*陸奥《みちのく》　東北地方

感じとっているのです。

丸い笠《かさ》を手に持った芭蕉《ばしょう》は、お坊《ぼう》さんの着る上着をはおっています。まるでお坊《ぼう》さんのようなスタイルで旅をしました。もちろん、芭蕉《ばしょう》はお坊《ぼう》さんではありませんが、気持ちは修行中《しゅぎょうちゅう》のお坊《ぼう》さんに近かったのでしょう。芭蕉《ばしょう》自身はこのスタイルを「半僧半俗《はんそうはんぞく》」と言っています。半分はお坊《ぼう》さん、半分はふつうの人という意味です。首からかけた袋《ふくろ》（頭陀《ずた》袋《ぶくろ》）には、紙製《かみせい》の防寒具《ぼうかんぐ》、浴衣《ゆかた》、雨具、筆や墨《すみ》が入っています。

芭蕉《ばしょう》の後ろを歩いている門人の河合曽良《かわいそら》は、敦賀《つるが》まで芭蕉《ばしょう》につきそい、いろいろと旅の世話をしました。

曽良《そら》は旅の記録《きろく》を残《のこ》しています。『曽良《そら》旅日記』と呼《よ》ばれていますが、その日、どこを通ってどこへ行ったか、天気、泊《とま》まった場所、出会った人などが記録《きろく》されています。

この曽良《そら》の日記と、芭蕉《ばしょう》の書いた「奥の細道」は、ところどころで内《ない》

＊敦賀《つるが》　福井県敦賀市《ふくいけんつるがし》

奥の細道行脚《あんぎゃ》之《の》図　森川許六・画（天理大学付属天理図書館蔵）

容《よう》がちがいます。曽良《そら》の日記は実際《じっさい》の旅の記録《きろく》ですが、芭蕉《ばしょう》の『奥の細道』は旅をもとにして作られた作品なのです。つまり、実際《じっさい》の旅のままではありません。

弥生《やよい》も末《すえ》の七日、あけぼのの空朧々《ろうろう》として、月は有明《ありあけ》にて光《ひかり》をさまれるものから、富士《ふじ》の峰幽《みねかすか》かに見えて、上野《うえの》・谷中《やなか》の花の梢又《こずえまた》いつかはと心ぼそし。むつまじきかぎりは宵《よい》よりつどいて、舟《ふね》に乗りて送る。千住《せんじゅ》という所にて船をあがれば、前途《ぜんと》三千里のおもい胸《むね》にふさがりて、幻《まぼろし》のちまたに離別《りべつ》の泪《なみだ》をそそぐ。

行く春や鳥啼《な》き魚の目は泪《なみだ》

これを矢立《やたて》の初《はじ》めとして行く道なお進まず。人々は途中《とちゅう》に立ちならびて、後《うしろ》かげの見ゆるまではと見送るなるべし。

「弥生《やよい》も末《すえ》の七日」は、三月二十七日のことです。夜明けの空はきれいに晴れて、白い月がその空に残《のこ》っています。空の遠くには富士山《ふじさん》が見えます。これが旅立ちの朝でした。

深川《ふかがわ》から船にのって千住《せんじゅ》に着いたのですが、ここは日光街道《にっこうかいどう》の宿場でした。当時は、最初《さいしょ》の宿場まで見送るのが、見送りの習慣《しゅうかん》でした。それで、見送りの人びとは、この千住《せんじゅ》で、「後かげ」（うしろすがた）が見えるまで、見送ったのです。

＊千住《せんじゅ》　現在《げんざい》の東京都台東区千住《たいとうくせんじゅ》

七

旅で生まれた俳句《はいく》

芭蕉《ばしょう》が「奥の細道」の旅に出発したのは、四十六歳《さい》のときでした。この旅をもとにして、『奥の細道』を書いたのですが、それが完成《かんせい》したのは、旅から五年後でした。つまり、五年もかけて、直しに直して完《かん》成《せい》したのです。

『奥の細道』に書かれているのは、芭蕉《ばしょう》の考えた理想の旅です。旅を日常《にちじょう》とする一人の俳人《はいじん》の日々が独特《どくとく》の文章で書かれているのです。

旅の途中《とちゅう》、芭蕉《ばしょう》と曽良《そら》の二人が、白河《しらかわ》に着いたときのことです。

「ついに白河《しらかわ》の関所《せきしょ》まで来ました。この関所《せきしょ》を越《こ》えたら、いよいよ奥州《おうしゅう》

＊白河《しらかわ》　現在《げんざい》の福島県白河市《ふくしまけんしらかわし》
＊奥州《おうしゅう》　陸奥国《むつのくに》ともよばれた。現在《げんざい》の岩手県南部あたり

です。おや、卯《う》の花が咲《さ》いていますね。」

曽良《そら》が卯《う》の花を見つけて、うれしそうな顔になりました。

「野バラの白い花も咲《さ》いていて、卯《う》の花の白と野バラの白で、まるで雪の関所《せきしょ》みたいだなあ。雪の中を越《こ》えて行く感じが、いかにもみちのくらしいなあ。昔の人はここを越《こ》えるとき、衣服《いふく》を整えてきちんとした身なりをしたらしいが、それ、よくわかるなあ。」

芭蕉《ばしょう》はこう言って、ほこりのかかっていた着物のすそをはたき、顔を手ぬぐいで拭《ふ》きました。関所《せきしょ》を越《こ》えた昔の人、西行《さいぎょう》や能因《のういん》の気分になったのです。能因《のういん》は平安時代の歌人です。

無事《ぶじ》に関所《せきしょ》を越《こ》えたとき、

「一句《く》、できましたよ。芭蕉《ばしょう》さん、これはどうですか。」

と、曽良《そら》が言いました。

卯《う》の花をかざしに関《せき》の晴着《はれぎ》かな　　曽良《そら》

われながらうまくできたと思うのですが。」

「うん、それはいい句《く》だ。卯《う》の花の枝《えだ》を肩口《かたぐち》にさして、その姿《すがた》が関所《せきしょ》をこえるわれらの晴着《はれぎ》だ、というのだね。やるじゃないか、曽良《そら》。」

ほめられて、曽良《そら》はちょっといい気分でした。


二人はやがて須賀川《すかがわ》にやってきました。ここには等窮《とうきゅう》という知人がいました。彼《かれ》は奥州《おうしゅう》の有名な俳人《はいじん》でした。等窮《とうきゅう》に歓迎《かんげい》されて、その地で四、五日を過《す》ごしました。

その等窮《とうきゅう》が、

「どんな気持ちで白河《しらかわ》の関所《せきしょ》を越《こ》えましたか、芭蕉《ばしょう》さん。」

と、芭蕉《ばしょう》にたずねたので、

*須賀川《すかがわ》　現在《げんざい》の福島県《ふくしまけん》須賀川市《すかがわし》

「いやあ、白河《しらかわ》までの旅で心身がつかれ、それに、途中《とちゅう》の風景《ふうけい》に心をうばわれましてね。江戸《えど》の人たちのこともなにかと気にかかったりして、白河《しらかわ》でちゃんと考える余裕《よゆう》がなかったのです。はずかしいことですが。やっと、このような句《く》を詠《よ》みましたよ。」

と言って、次の句《く》を口ずさみました。

風流《ふうりゅう》の初《はじ》めや奥《おく》の田植うた　芭蕉《ばしょう》

「やあ、お見事！　田植え歌が奥《みちのく》の風流《ふうりゅう》だ、という見方はいかにもあなたらしい。生活の中に風流《ふうりゅう》があるんですなあ。いいなあ。」

等窮《とうきゅう》は、なんども芭蕉《ばしょう》の句《く》を口ずさんで感心しています。田植え歌は田植えをするとき、稲《いね》の苗《なえ》を田に植えつける女性《じょせい》の早乙女《さおとめ》たちが、声を合せてうたった歌です。風流《ふうりゅう》は今の言葉でいえば芸術《げいじゅつ》でしょうか。芭蕉《ばしょう》の俳句《はいく》も風流《ふうりゅう》の一つでした。

また、松島《まつしま》では、芭蕉《ばしょう》は松島《まつしま》の風景《ふうけい》に感動し、平泉《ひらいずみ》では、その地で栄華《えいが》をほこった藤原氏《ふじわらし》三代に思いを寄《よ》せ、次の句《く》を詠《よ》みました。

夏草や兵《つわもの》どもが夢《ゆめ》の跡《あと》
芭蕉《ばしょう》

「さかんに生い茂《しげ》っている夏草、それはかつてこの地にいた藤原《ふじわら》一族の夢《ゆめ》の跡《あと》だというのですね。藤原氏《ふじわらし》は源義経《みなもとのよしつね》に味方し、ついには源頼朝《みなもとのよりとも》に討《う》たれてほろんでしまいます。このあたりの夏草には、義経《よしつね》につかえたあの弁慶《べんけい》が腰《こし》をおろしていたかも。そう思うと、平泉《ひらいずみ》の夏草はまさに武《ぶ》将《しょう》たちの夢《ゆめ》の跡《あと》ですね。」

そう言って、曽良《そら》も、夏草に腰《こし》をおろしました。芭蕉《ばしょう》も足を投げ出し、

*平泉《ひらいずみ》　現在《げんざい》の岩手県平泉市《いわてけんひらいずみし》

あおむけに草の中にねころがりました。ねころがった芭蕉《ばしょう》は、

国破《くにやぶ》れて　山河《さんが》あり

城春《しろはる》にして　草青みたり

と、杜甫《とほ》の詩の一節《せつ》を口ずさみました。

杜甫《とほ》の詩は、正確《せいかく》には「草木深し」なのですが、芭蕉《ばしょう》には「草青みたり」の方がぴったりだ、という感じがしたのでしょうか。

今、城跡《しろあと》には夏の草が茂《しげ》り、草いきれがむっとしていました。

芭蕉《ばしょう》たちは、やがて山道にかかります。奥州《おうしゅう》から出羽《でわ》へ、つまり今の宮城県《みやぎけん》から山形県《やまがたけん》へと山をこえるのです。途中《とちゅう》、尿前《しとまえ》の関《せき》に泊《とま》ったとき、芭蕉《ばしょう》は次の句《く》を詠《よ》みました。

*尿前《しとまえ》の関《せき》　現在《げんざい》の宮城県大崎市鳴子温泉尿前《みやぎけんおおさきしなるこおんせんしとまえ》にあった関所《せきしょ》

蚤虱《のみしらみ》馬の尿《ばり》する枕《まくら》もと

芭蕉《ばしょう》

曽良《そら》に見せたら、びっくりした顔をして言いました。

「これ、きたないなあ。たしかにノミがいたけど、シラミまではいなかったのじゃないですか。夜中に馬の尿《にょう》の音が聞こえたけど、別《べつ》に枕《まくら》もとではなかった。この句《く》だと、尿《にょう》が枕《まくら》にとび散《ち》っていますよ。」

芭蕉《ばしょう》は、ふふっとうれしそうに笑《わら》って言いました。

「たしかに、少しおおげさだね。でも、ノミやシラミに攻《せ》められて、かゆい思いをしているところへ、馬がどばっと勢《いきお》いよく放尿《ほうにょう》する、その放《ほう》尿《にょう》の音、なんだか楽しいじゃないか。これもまた奥《みちのく》の風流《ふうりゅう》だよ。」

「ああ、そういうことですか。それなら納得《なっとく》です。じゃ私《わたし》も。

蚊《か》や百足《むかで》猫《ねこ》も来ている枕《まくら》もと　曽良《そら》

どうですか、これ。夕べは、ムカデが出たし、ネコがうろついていましたよ。」

「ははは。真似《まね》をしてもだめ、だめ。おまえさんの句《く》は、あったことそのままで、芸《げい》がないよ。自分で言うのもなんだが、馬の尿《にょう》の句《く》は場面が生き生きとしているよ。たしかにきたない情景《じょうけい》だが、その意外な情景《じょうけい》を楽しんでいる感じがあるだろう。そこが芸《げい》というか、腕《うで》の見せどころだよ。」

芭蕉《ばしょう》は少し自慢《じまん》をしました。

こんな話をしながら、芭蕉《ばしょう》たちは尾花沢《おばなざわ》に到着《とうちゃく》しました。尾花沢《おばなざわ》には清風《せいふう》という知人がいました。江戸《えど》で知り合っていた豊《ゆた》かな商人で、俳人《はいじん》でもありました。清風《せいふう》の家でくつろいで、芭蕉《ばしょう》と曽良《そら》はしばらく旅のつ

＊尾花沢《おばなざわ》　現在《げんざい》の山形県《やまがたけん》尾花沢市《おばなざわし》

かれをいやしました。清風《せいふう》も、なにかともてなしてくれました。

涼《すず》しさを我《わ》が宿にしてねまるなり　　芭蕉《ばしょう》

「ねまる」はくつろいで休むことです。清風《せいふう》の家で、のびのびと休んでいる芭蕉《ばしょう》のようすが目にうかびます。

そして、「涼《すず》しさを我《わ》が宿にして」という言い方に、芭蕉《ばしょう》の表現《ひょうげん》する力というか、芸《げい》の力を感じますね。

実際《じっさい》は清風《せいふう》の家が芭蕉《ばしょう》の泊《と》まる家、宿です。その宿が涼《すず》しいのですが、それを、涼《すず》しさを我《わ》が宿にする、と言い、涼《すず》しさをあたかも家のように見なしました。

尾花沢《おばなざわ》でくつろいでから、芭蕉《ばしょう》たちは立石寺《りっしゃくじ》へ向かいます。

*立石寺《りっしゃくじ》　現在《げんざい》の山形県山形市《やまがたけんやまがたし》にある寺。山寺《やまでら》の名前でも知られる。

閑《しず》かさや岩にしみ入る蝉《せみ》の声　　芭蕉《ばしょう》

山中にある立石寺《りっしゃくじ》の風景《ふうけい》は、とてもしずかで、心が澄《す》んでゆく感じでした。その感じの中で詠《よ》んだのこの俳句《はいく》でした。

「蝉《せみ》の声が岩にしみ入るなんて、こりゃ、実際《じっさい》にはないことですね。声でなく水だと少しはしみ入るかもしれないけど。でも、あまりにもしずかなので、蝉《せみ》の声が岩にまでしみる気がしたんですね。芭蕉《ばしょう》さん、これ、私《わたし》にもよく分かります。」

曽良《そら》がこのように言うと、芭蕉《ばしょう》はうなずき、そして次のように話しました。

「閑《しず》さやは、しずかだなあ、という意味だけど、そのしずかさを感じる心、それは、あたかも岩にしみ入る蝉《せみ》の声、なのだよ。ちょっと理屈《りくつ》っぽい言い方になったかなあ。私《わたし》、かつて仏頂和尚《ぶっちょうおしょう》の元で禅《ぜん》を学んだのだ

が、この句《く》は禅問答《ぜんもんどう》に似《に》ているよ。

閑《しずか》さとは何だ。という問い。

岩にしみ入る蝉《せみ》の声、です。という答え。

このような問答《もんどう》になっていると思わないかい？」

「なるほど。禅問答《ぜんもんどう》ですか。なぞなぞにも似《に》ていますね。」

「うん、そうなんだ。なぞなぞも問いがあって、答えが生まれる。私《わたし》の俳句《はいく》も、そのなぞ解《と》きにどこか通じているよ。」

芭蕉《ばしょう》と曽良《そら》は、このような話をしながら旅を続けます。

最上川《もがみがわ》を船で下り、途中《とちゅう》の出羽三山《でわさんざん》に登り、それからまた最上川《もがみがわ》を下って酒田《さかた》へ出ました。酒田《さかた》は最上川《もがみがわ》の河口《かこう》の商業で栄《さか》えた港町です。

＊出羽三山《でわさんざん》　羽黒山《はぐろさん》、月山《がっさん》、湯殿山《ゆどのさん》

芭蕉《ばしょう》はついに日本海ぞいの酒田《さかた》までやってきたのです。長い旅でしたが、実はまだ半分です。これから日本海にそって西へ向かい、敦賀《つるが》に至《いた》り、そこから大垣《おおがき》に着く、それがこの「奥の細道」の旅です。

暑き日を海に入れたり最上川《もがみがわ》　　**芭蕉《ばしょう》**

酒田《さかた》で芭蕉《ばしょう》の詠《よ》んだ句《く》です。

「芭蕉《ばしょう》さん、この句《く》もいいですね。最上川《もがみがわ》が夏の太陽を海に入れている、という意味でしょうが、まるで最上川《もがみがわ》が夕日を沈《しず》ませている感じです。いいなあ、この最上川《もがみがわ》！」

曽良《そら》はこの句《く》がすっかり気にいったようです。

「暑き日、は、太陽だけでなく、夏の暑い一日でもありますね。夏の一日が沈《しず》む夕日とともに終わるのです。酒田《さかた》に来てほっとしている私《わたし》たちの気分がこの句《く》にありますね。」

曽良《そら》がこのように話したら、そばで話を聞いていた酒田《さかた》の俳人《はいじん》が言いました。

「二人をむかえた酒田《さかた》の私《わたし》どもの気分でもありますよ。芭蕉《ばしょう》さんよくいでくださった、そして、曽良《そら》さんもご苦労《くろう》さま、という気分です。」

「私《わたし》らが暑き日か。そうかもしれない。長い旅で体がほてってほてって、ほら、足がこんなに熱《あつ》い！」

曽良《そら》の言葉にその場にいたみんなが笑《わら》いました。

酒田《さかた》には六月十三日から六月二十四日までいました。その間に象潟《きさかた》をたずねました。

象潟《きさかた》は、松島《まつしま》そっくりの美しい風景《ふうけい》の土地として知られていました。

『奥の細道』には、

松島《まつしま》は笑《わら》うがごとく、象潟《きさかた》はうらむがごとし

と、その風景《ふうけい》の特色《とくしょく》が描《えが》かれています。

ちなみに、象潟《きさかた》は一八〇四年の大地震《じしん》で地盤《じばん》が盛《も》り上がってしまい、海ではなくなりました。多くの島の浮《う》かんでいた風景《ふうけい》が消えてしまったのです。

八 旅をして考えついたこと

象潟《きさかた》からまた酒田《さかた》へもどった芭蕉《ばしょう》は、六月二十五日に滞在《たいざい》していた家の主人、伊東不玉《いとうふぎょく》に見送られて酒田《さかた》を発ちました。

温海《あつみ》、新潟《にいがた》、弥彦《やひこ》、出雲崎《いずもざき》、鉢崎《はっさき》などに泊《と》まって、七月六日に直江《なおえ》津《つ》に着きました。七月八日に直江津《なおえつ》を発ち、金沢《かなざわ》、福井《ふくい》を経《へ》て、八月二十一日に、大垣《おおがき》に到着《とうちゃく》、『奥の細道』の旅が終わります。

百五十五日間の『奥の細道』の旅で、芭蕉《ばしょう》は何をしたのでしょうか。行く先々で、芭蕉《ばしょう》は俳句《はいく》を作りました。そして、俳句《はいく》にかかわって、もうひとつしたことがあります。

句会《くかい》をして連句《れんく》を巻《ま》いたのです。行く先々に俳句好《はいくず》きな人がいて、その人たちと歌仙《かせん》を巻《ま》きました。歌仙《かせん》は五七五、七七、五七五、七七……と三十六句《く》まで続《つづ》けます。

みんなでそれを作っている間に、芭蕉《ばしょう》は俳句《はいく》の話をしたり、また、江《え》戸《ど》の町のようすなどを地元の人に伝《つた》えたりもしました。

歌仙《かせん》が終わると、ちょっとした宴会《えんかい》がありましたが、芭蕉《ばしょう》はほとんど酒を飲まなかったので、芭蕉《ばしょう》に代《か》わって、たいていは曽良《そら》がお酒をいただきました。

たとえば、直江津《なおえつ》に着いた七月六日は、夜に地元の俳人《はいじん》が七人も来て、にぎやかな句会《くかい》でした。翌日《よくじつ》は右雪《うせつ》という俳人《はいじん》の家に招《まね》かれ、五人で歌《か》仙《せん》を巻《ま》きました。

泊《と》まった土地に俳人《はいじん》がいると歌仙《かせん》を巻《ま》く、それが「奥の細道」の旅でした。

旅の目的《もくてき》は俳句《はいく》を作ることですが、もうひとつ、大事なことがありました。それは、松島《まつしま》とか象潟《きさかた》など、和歌に出てくる地名（歌枕《うたまくら》）などの名所旧跡《きゅうせき》をめぐることです。その地をたずねると、たとえば、かつてそこへ来た西行《さいぎょう》を、身近に感じることができます。

歌枕《うたまくら》になっている有名な場所ばかりでなく、尿前《しとまえ》の関《せき》のそまつな家とか、立石寺《りっしゃくじ》とか、あまり有名ではなかったところへも行きました。新しい土地との出会い、それは旅の大きな喜《よろこ》びです。

新しい土地へ行き、俳句好《はいくず》きな人たちと句会《くかい》をする。それが旅の日々、すなわち芭蕉《ばしょう》の風雅《ふうが》の日々でした。

八月二十一日、芭蕉《ばしょう》は大垣《おおがき》に着きました。大垣《おおがき》では如行《じょこう》という人の家に滞在《たいざい》しました。大垣《おおがき》はかつて「笈《おい》の小文」の旅でも来ており、親しい

奥の細道画巻　大垣（部分）　与謝蕪村・画

人がいく人もいました。人びとは、しばしば集まって、芭蕉《ばしょう》の旅の苦労《くろう》をねぎらいました。旅の話を聞き、もちろん、句会《くかい》もしたのです。大垣《おおがき》にいる間、何度も句会《くかい》をしています。

『奥の細道』の最後《さいご》はこうです。

旅のもの憂《う》さもいまだやまざるに、長月《ながつき》六日になれば、伊勢《いせ》の遷《せん》宮拝《ぐうおが》まんと、又舟《ふね》にのりて、
蛤《はまぐり》のふたみにわかれ行く秋ぞ

旅のつかれもまだとれないけど、九月六日になったので、伊勢神宮《いせじんぐう》の遷宮《せんぐう》をおがもうと思い、またも舟《ふね》にのって(この旅の出発の時も舟《ふね》に乗ったのでした)伊勢《いせ》へ向かって大垣《おおがき》を出た。以上《いじょう》のような意味です。

俳句《はいく》は、ハマグリが蓋《ふた》と身に分かれるように、私《わたし》たちも別《わか》れる秋だ、という意味。「ふたみ」には蓋《ふた》と身の意味のほかに、伊勢《いせ》の二見ヶ浦《ふたみがうら》という地名の意味もあります。掛詞《かけことば》になっているのです。「わかれ行く」にも秋が去って行くという意味と、私《わたし》たちがたがいに別《わか》れるという意味があります。やはり、掛詞《かけことば》になっているのです。

芭蕉《ばしょう》は九月の半ばに伊勢神宮《いせじんぐう》に参拝《さんぱい》しました。伊勢神宮《いせじんぐう》は二十年に一回、新しく作り変《か》えられます。その作り変《か》えの行事が遷宮《せんぐう》です。芭蕉《ばしょう》はその遷宮《せんぐう》をおがんだのです。

そのあと、伊勢《いせ》のあちこちで句会《くかい》をし、九月の末《すえ》に伊賀上野《いがうえの》へ帰りました。ふるさとの伊賀上野《いがうえの》でもやはりあちこちから句会《くかい》に招《まね》かれました。

十一月一日、友田良品《ともだりょうぼん》の家で句会《くかい》がありました。良品《りょうぼん》は角左衛門《かくざえもん》という名の藤堂藩《とうどうはん》の侍《さむらい》でした。俳句好《はいくず》きで、俳号《はいごう》を良品《りょうぼん》と名乗っていたのです。

芭蕉《ばしょう》は、こんな句《く》を詠《よ》みました。

いざ子どもも走りありかん玉霰《たまあられ》　芭蕉《ばしょう》

さあ、子どもよ、走り回りなさい、折《おり》からのこのきれいな霰《あられ》のように、という意味です。この句《く》に対して良品《りょうぼん》は、

折敷《おしき》に寒《さむ》き椿水仙《つばきすいせん》　良品《りょうぼん》

と付《つ》けています。折敷《おしき》はヒノキをうすくけずったもので作った盆《ぼん》です。その盆《ぼん》にいかにも寒《さむ》そうな、つまり切り取ったばかりの椿《つばき》と水仙《すいせん》が置かれているのです。句会《くかい》の開かれている座敷《ざしき》を飾《かざ》る花でした。

良品《りょうぼん》は芭蕉《ばしょう》より二十歳《さい》くらい若《わか》い武士《ぶし》でした。彼《かれ》のこの句《く》は、自分た

ちは今、芭蕉《ばしょう》さんを迎《むか》えて緊張《きんちょう》しています、と伝《つた》えています。なかなか子どものようにはいかない、子どもたちは霰《あられ》を喜《よろこ》んではしゃいでいますが、私《わたし》たちはこの椿《つばき》や水仙《すいせん》みたい、ちょっと緊張《きんちょう》して芭蕉《ばしょう》さんを迎《むか》えているのです、というのです。

江戸《えど》に出て、俳人《はいじん》となってもどって来た芭蕉《ばしょう》、その芭蕉《ばしょう》を故郷《こきょう》の人びとが緊張《きんちょう》しながら歓迎《かんげい》しているのです

十一月の末、芭蕉《ばしょう》は故郷《こきょう》を出て奈良《なら》へ向かいました。奈良《なら》を見物し、それから京都《きょうと》に行って、しばらく京都《きょうと》に滞在《たいざい》しました。

京都《きょうと》にいたとき、芭蕉《ばしょう》は、「不易流行《ふえきりゅうこう》」という考えを、弟子の向井去来《むかいきょらい》に話します。

「不易《ふえき》」とは、変《か》わらないものです。それに対して「流行《りゅうこう》」は、次々と変《か》わるものです。世の中にはこの二つがあって、その二つがともに大

事だ、というのが芭蕉《ばしょう》の不易流行論《ふえきりゅうこうろん》です。もっとも、二つは別々にあるのではなく、不易《ふえき》の中に流行《りゅうこう》があり、流行《りゅうこう》の中に不易《ふえき》があって、二つはいつもからみあっているのです。

不易流行《ふえきりゅうこう》という考えは、『奥の細道』の旅の間にまとまったものです。旅をしながら、大自然《しぜん》も人間も不易流行《ふえきりゅうこう》のただ中にある、と芭蕉《ばしょう》は思ったのでしょうか。

年末《ねんまつ》には今の滋賀県大津市《しがけんおおつし》にある義仲寺《ぎちゅうじ》に行きました。そしてそこで年を越《こ》しました。

こうして、芭蕉《ばしょう》の一六八九年、すなわち四十六歳《さい》の一年が終わりました。

九　びわ湖のほとりで

裏山《うらやま》の松《まつ》の木にのぼって、芭蕉《ばしょう》が何かしています。

「うん、これでいい。ああ、いいながめだ。びわ湖が光って、白帆《しらほ》の船が白鳥のようだ。近江富士《おうみふじ》（三上山《みかみやま》）も見える。この席《せき》を『サルの腰《こし》かけ』と呼《よ》ぼう。遊びに来る村の子どもたちも喜《よろこ》ぶぞ、きっと。」

芭蕉《ばしょう》はサルの腰《こし》かけからおりて、地上からその腰《こし》かけを見上げました。松《まつ》の枝《えだ》に板を渡《わた》し、その棚《たな》に藁《わら》でこしらえた座布団《ざぶとん》を置《お》いたのがサルの腰《こし》かけです。そこに腰《こし》をかけると、びわ湖をはじめとしてそのあたりの風景《ふうけい》がよく見えるのでした。サルの腰《こし》かけは芭蕉特製《ばしょうとくせい》の展望台《てんぼうだい》です。

芭蕉《ばしょう》がサルの腰《こし》かけをこしらえたのは、幻住庵《げんじゅうあん》と呼《よ》ばれる家の裏山《うらやま》でした。

『奥の細道』の旅を終えた芭蕉《ばしょう》は、しばらくの間、あちこちに住みました。郷里《きょうり》の伊賀上野《いがうえの》にも、もどりましたが、おもには、びわ湖のほとりにいました。

幻住庵《げんじゅうあん》に入ったのは、一六九十年四月六日です。途中《とちゅう》で京都などへ行きましたが、七月二十三日まで幻住庵《げんじゅうあん》にいました。

幻住庵《げんじゅうあん》は大津《おおつ》にありました。菅沼曲水《すがぬまきょくすい》（曲水《きょくすい》は俳号《はいごう》）が、ひと夏を過《す》ごす家として芭蕉《ばしょう》に貸《か》したのです。村里から離《はな》れたこの幻住庵《げんじゅうあん》を、芭蕉《ばしょう》は気に入り、そこでの暮《く》らしぶりや考えたことを『幻住庵《げんじゅうあん》の記』としてまとめました。

『幻住庵《げんじゅうあん》の記』には、これまでの自分をふりかえり、武士《ぶし》になりたいと思ったり、仏門《ぶつもん》に入ろうと考えたことがあった、ということを書きました。そして、その後に、結局《けっきょく》は俳句《はいく》に専念《せんねん》することになった、と記しています。

あてもなくさまよい、俳句《はいく》を作ることに熱中《ねっちゅう》し、いつのまにか漂泊《ひょうはく》と俳句《はいく》作りが一生の仕事になり、何のとりえもない自分はその仕事を続《つづ》けている。そういえば、白楽天《はくらくてん》は詩作の苦労でやせ、杜甫《とほ》もまた同じだった。大詩人の彼《かれ》らと自分をくらべるのはおこがましいが、でも、おたがいに、幻《まぼろし》のようなこの世に住んでいることは共通《きょうつう》する、ということを、芭蕉《ばしょう》はそこに書きました。

一六九一年四月十八日、芭蕉《ばしょう》は京都・嵯峨野《さがの》の落柿舎《らくししゃ》に入りました。落柿舎《らくししゃ》は向井去来《むかいきょらい》の別宅《べったく》でした。その去来《きょらい》の家を借りて、五月四日まで過《す》ごしました。

その落柿舎《らくししゃ》での暮《く》らしぶりを芭蕉《ばしょう》は『嵯峨《さが》日記』に残《のこ》しました。

その日記は、芭蕉《ばしょう》の暮《く》らしぶりを具体的《ぐたいてき》に伝《つた》えてくれます。

部屋には机《つくえ》が一つあり、机《つくえ》の上には硯箱《すずりばこ》、文庫（書類《しょるい》入れ）、そして白楽天《はくらくてん》の詩集や『源氏物語《げんじものがたり》』『土佐《とさ》日記』などの本がありました。

また、中国風な絵を描《か》いた重箱には、いろんな果物《くだもの》が盛《も》ってあり、壺《つぼ》に入った酒と杯《はい》もありました。そのほかに、おかず用の食材《しょくざい》もあれこれとありました。酒や食材《しょくざい》は去来《きょらい》が手配をしたのです。

落柿舎《らくししゃ》では一人で暮《く》らしていたので、食事は自分で料理《りょうり》していました。実は料理はとくいで、手際《てぎわ》よく、さっさとできました。若《わか》いころに藤堂《とうどう》家《け》の台所で仕事をした体験《たいけん》が役立っていたのです。

芭蕉《ばしょう》の身のまわりにあるのは、暮《く》らしていくうえでの基本的《きほんてき》な物だけです。余分《よぶん》な物はありません。身軽な、いわば簡素《かんそ》な暮《く》らしでした。

芭蕉《ばしょう》自身は『嵯峨《さが》日記』で、自分の暮《く》らしを「清閑《せいかん》を楽しむ」と表現《ひょうげん》しています。清閑《せいかん》とは清潔《せいけつ》な静《しず》かさ、物をもたず、しかもきれいに片《かた》づけている状態《じょうたい》です。落柿舎《らくししゃ》、そして幻住庵《げんじゅうあん》での生活がまさにその「清閑《せいかん》

を楽しむ」日々でした。

落柿舎《らくししゃ》の芭蕉《ばしょう》は、具体的《ぐたいてき》には何をしていたのでしょうか。俳文《はいぶん》を何度も練り直したり、俳句《はいく》を考えたり、そして読書をして過《す》ごしました。凡兆《ぼんちょう》という俳人《はいじん》が妻《つま》の羽紅《うこう》といっしょにやってきて、夜通しみんなで話したこともありました。

では、芭蕉《ばしょう》はどうやってお金を得《え》ていたのかというと、句会《くかい》の指導料《しどうりょう》のようなものがおもな収入《しゅうにゅう》でした。旅では、行く先々で句会《くかい》をしていますが、そこでいくらかの謝礼《しゃれい》をもらったのです。

信頼《しんらい》する弟子からの謝礼《しゃれい》もありました。弟子たちがそれぞれの立場でお金や品物を芭蕉《ばしょう》に贈《おく》りました。芭蕉《ばしょう》の方から借金《しゃっきん》を願《ねが》うこともありました。

芭蕉《ばしょう》には、蕉門十哲《しょうもんじってつ》と呼《よ》ばれるすぐれた弟子がいました。その十人の弟子は、其角《きかく》、嵐雪《らんせつ》、支考《しこう》、許六《きょりく》、去来《きょらい》、丈草《じょうそう》、野坡《やば》、越人《えつじん》、北枝《ほくし》、杉風《さんぷう》ですが、そのほかにも各地《かくち》に芭蕉《ばしょう》を慕《した》う弟子がいました。
芭蕉《ばしょう》の「清閑《せいかん》を楽しむ」暮《く》らしは、弟子たちにとってあこがれだったのです。ですから、経済的《けいざいてき》な面でもなにかと芭蕉《ばしょう》を支《ささ》えたのです。

びわ湖のほとりのあちこちで、芭蕉《ばしょう》がしていたことがもう一つありました。

『猿蓑《さるみの》』の編集《へんしゅう》です。

『猿蓑《さるみの》』は去来《きょらい》と凡兆《ぼんちょう》が編集《へんしゅう》した芭蕉《ばしょう》一門の作品集です。一六九一年七月に出版《しゅっぱん》されました。『猿蓑《さるみの》』の最初《さいしょ》に出ているのは次の句《く》です。

初《はつ》しぐれ猿《さる》も小蓑《こみの》をほしげなり　芭蕉《ばしょう》

時雨《しぐれ》は冬の初《はじ》めのにわか雨ですが、その年の最初《さいしょ》の時雨《しぐれ》が「初《はつ》しぐれ」です。もちろん、この「初《はつ》しぐれ」は冬の季語《きご》です。

芭蕉《ばしょう》の句《く》は、初《はつ》しぐれにぬれる寒そうなサルを詠《よ》んでいます。「小《こ》蓑《みの》」は小さな蓑《みの》、蓑《みの》は藁《わら》などで作った雨具です。人が着ている蓑《みの》を見て、あのような蓑《みの》の小さいのが欲《ほ》しいなあ、とサルが思っているのです。

びわ湖のほとりの芭蕉《ばしょう》は、凡兆《ぼんちょう》、去来《きょらい》を助けてその『猿蓑《さるみの》』を編集《へんしゅう》していたのでした。『猿蓑《さるみの》』には俳文《はいぶん》も入れたいと芭蕉《ばしょう》は考えましたが、気に入る作品が集まらず、結局《けっきょく》、自分が幻住庵《げんじゅうあん》の生活や考えを書いた「幻住庵《げんじゅうあん》の記」だけをのせました。

麦藁《むぎわら》の家してやらん雨蛙《あまがえる》　　智月《ちげつ》

『猿蓑《さるみの》』に出ている生き物の句《く》です。「家してやらん」は家を作ってやろう、です。芭蕉《ばしょう》の初《はつ》しぐれの句《く》に通じる句《く》、すなわち生き物と交流している句《く》です。

智月《ちげつ》は芭蕉《ばしょう》門の俳人《はいじん》、乙州《おとくに》の姉で、芭蕉《ばしょう》をなんども大津《おおつ》の家に招待《しょうたい》しています。幻住庵《げんじゅうあん》の芭蕉《ばしょう》に食べ物を届《とど》け、また、芭蕉《ばしょう》の衣類《いるい》を洗濯《せんたく》したこともありました。つまり、智月《ちげつ》はびわ湖のほとりの芭蕉《ばしょう》をなにかと世話した女性の俳人《はいじん》でした。そのお礼の意味もあって、芭蕉《ばしょう》は彼女《かのじょ》に自筆の『幻住庵《げんじゅうあん》の記』をプレゼントしました。

十 夢《ゆめ》は枯野《かれの》をかけめぐる

一六九一年の十月の末《すえ》、芭蕉《ばしょう》は江戸《えど》にもどってきました。芭蕉《ばしょう》を江戸《えど》にとどめたいと思った弟子たちは、お金を出し合って、元の芭蕉庵《ばしょうあん》の近くに、新しい芭蕉庵《ばしょうあん》を建築《けんちく》しました。そして『奥の細道』の旅に出るとき、人に世話を頼《たの》んでいたあのバショウを、さっそく新しい芭蕉庵《ばしょうあん》に移植《いしょく》しました。

ある日、それは一六九二年の早春でしたが、芭蕉《ばしょう》が縁側《えんがわ》で俳句《はいく》を考えていたら、となりの家の少年がやってきました。

「おじいさん、今日も俳句《はいく》？　もうできた？」

少年は、芭蕉《ばしょう》が句《く》を書いていた紙をのぞきました。

餅《もち》に糞《ふん》する縁《えん》の先

芭蕉庵《ばしょうあん》から見えるとなりの家の縁側《えんがわ》には、餅《もち》がいっぱい干《ほ》してありました。

「おいらの家の縁側《えんがわ》、かきもちにする餅《もち》が干《ほ》してあるけど、これ、それのこと？」

「まあ、そうだ。今、上《かみ》の句《く》を考えていたんだよ。餅《もち》に糞《ふん》する、の前に入る五文字、つまり最初《さいしょ》の五音の言葉が上《かみ》の句《く》だよ。おまえ、なぞなぞが好《す》きだから、もしかしたら、ここに入る言葉を思いつかないかい？」

「うーん、まあちゃんが、は？」

「あっ、おまえの妹か。それだとなんだかきたないなあ。それに、ここには季語《きご》が入る方がよい。チョウチョ、鶯《うぐいす》、猫《ねこ》の子……」

「鶯《うぐいす》がいいよ、おじいさん。かわいいし、糞《ふん》をしてもほんの少しだから、餅《もち》があまりよごれないよ。」

「そうだな、そのとおりだ、じゃこうしよう。

鶯《うぐいす》や餅《もち》に糞《ふん》する縁《えん》の先　　**芭蕉《ばしょう》**

どうだ？　いい句《く》になったよ。」

江戸《えど》のあちこちで句会《くかい》をしていると、たちまちに日がすぎて、一六九四年になりました。芭蕉《ばしょう》は五十一歳《さい》です。

五月、芭蕉《ばしょう》は少年の次郎兵衛《じろべえ》をつれて旅立ちました。次郎兵衛《じろべえ》は、芭《ば》蕉庵《しょうあん》の雑用《ざつよう》を手伝《てつだ》っていた少年です。

芭蕉《ばしょう》は三年ぶりに故郷《こきょう》の伊賀上野《いがうえの》に帰りました。一時期、大好《だいす》きなびわ湖のほとりへ行って過《す》ごしましたが、七月半ばにはまた伊賀上野《いがうえの》にもどりました。八月十四日には大津《おおつ》の智月《ちげつ》から南蛮《なんばん》酒《しゅ》一樽《たる》、麩《ふ》などをプレゼントされました。芭蕉《ばしょう》はお礼に菓子《かし》を送っています。

その翌日《よくじつ》、芭蕉《ばしょう》は伊賀《いが》の弟子たちを招《まね》いて、月見の会をしました。伊賀《いが》の門人たちが、伊賀上野《いがうえの》にも庵《あん》を作ってくれたのです。芭蕉《ばしょう》は、自分でその会の献立《こんだて》を書きました。キノコの多い秋らしい献立《こんだて》です。智月《ちげつ》にもらった麩《ふ》もさっそく加えています。南蛮酒《なんばんしゅ》もみんなで飲みました。南《なん》蛮酒《ばんしゅ》はワインだったかも。

九月のはじめ、次郎兵衛《じろべえ》をつれて大坂《おおさか》に向かいました。大坂《おおさか》の弟子たちに争《あらそ》いがあり、その争《あらそ》いを片《かた》づけるのが目的《もくてき》でした。

ところが、大坂《おおさか》に着いたらすぐ、寒けや熱《ねつ》、頭痛《ずつう》におそわれてしまいます。しかし芭蕉《ばしょう》は、それをがまんして、句会《くかい》に出席《しゅっせき》し、弟子の争《あらそ》いの解決《かいけつ》にもつとめました。

でも、病気はよくなる気配がなく、十月に入ると、下痢《げり》にもなり、日をおって病状《びょうじょう》が悪くなりました。それで、病床《びょうしょう》を静《しず》かな花屋の貸《か》し座敷《ざしき》に移《うつ》します。弟子たちには、芭蕉《ばしょう》の命があぶないことが知らされました。

十月八日の夜、次の句《く》を作りました。

旅に病んで
夢《ゆめ》は枯野《かれの》をかけめぐる
芭蕉《ばしょう》

十月十日には弟子に遺書《いしょ》を代筆させました。
十月十二日午後四時ごろ、芭蕉《ばしょう》は亡《な》くなりました。

その夜、遺体《いたい》になった芭蕉《ばしょう》は、

舟《ふね》に乗せられて淀川《よどがわ》をさかのぼり、びわ湖のほとりの義仲寺《ぎちゅうじ》まで運ばれました。

去来《きょらい》、其角《きかく》、乙州《おとくに》、丈草《じょうそう》、次郎兵衛《じろべえ》などがつきそいました。智月《ちげつ》と乙《おと》州《くに》の妻《つま》の二人が、芭蕉《ばしょう》のあの世に着てゆく衣装《いしょう》をぬいました。

『奥の細道』が完成《かんせい》したのは、芭蕉《ばしょう》がなくなる半年前、四月のことでした。芭蕉《ばしょう》はそれを、帰郷《ききょう》したときに、兄の半左衛門《はんざえもん》にあずけました。芭蕉《ばしょう》の死後、半左衛門《はんざえもん》は遺言《ゆいごん》にしたがって、その本を去来《きょらい》にゆずります。数年後、去来《きょらい》はその『奥の細道』を出版《しゅっぱん》して世の中へ広めるのです。そして、今にいたるまで、この『奥の細道』は、芭蕉《ばしょう》の代表作として読みつがれています。

では、最後《さいご》にもう一度『奥の細道』の冒頭《ぼうとう》の言葉を読んで終わりにしましょう。

月日は百代の過客《かかく》にして、行きかう年も又《また》旅人なり。

おわりに

坪内稔典《つぼうちねんてん》

私は年になんどか、各地の小学校で、小学生といっしょに俳句《はいく》を作っています。そのとき、自己紹介《じこしょうかい》のかわりに、「わたしはこんな俳句《はいく》を作ります」と言って、たとえば次の句《く》を声に出します。

春の風ルンルンけんけんあんぽんたん

みんな、きょとんとしていますが、顔が急にやわらかくなります。にこにこしている子もいます。「あんぽんたん」は意味がわからないかもしれませんが、馬鹿者《ばかもの》、愚か者《おろもの》という意味です。

じゃ、君も声に出してください、と男の子を指名すると、大きな声で、

「春の風ルンルンけんけんあんぽんたん」と言ってくれました。こんどは教室がどっとわきました。

じゃ、これはどうですか、と次の句《く》を紹介《しょうかい》します。

三月の甘納豆《あまなっとう》のうふふふふ
たんぽぽのぽぽのあたりが火事ですよ

なんだか分からないけど、でも、なんだか楽しそう、というムードになってきて、教室のみんなの顔が明るくのびやかになります。

芭蕉の次のような句だって、声に出すとやはりなんだか楽しいです。

水取りや氷の僧《そう》の沓《くつ》の音
行《ゆ》く春や鳥啼《な》き魚の目は泪《なみだ》

水取りの句《く》は、本の中でも紹介《しょうかい》していますが、「氷の僧《そう》」、氷結《ひょうけつ》した僧《そう》という言い方がすごいです。その氷った僧《そう》が沓《くつ》（木製《もくせい》の靴《くつ》）の音を立てるのですが、その音、氷の音です。人間が氷になっているのです。

行《い》く春の句《く》は「奥の細道」にあります。「行く春や」は春が過《す》ぎて行くよ、ということ。その春の去ってゆく風景が「鳥啼《な》き魚の目は泪《なみだ》」です。小鳥が鳴き、水の中の魚も泪《なみだ》を浮《う》かべている、というのですが、この感じ、なんとなく分かりますよね。もっとも、実際《じっさい》の魚は涙《なみだ》を出さないのでは、と思いますが、芭蕉は、魚にまで別れの涙《なみだ》を出させたのです。

というわけで、この本に出ている俳句《はいく》は、ぜひ音読して楽しんでください。

資《し》 料《りょう》

松《まつ》尾《お》芭《ば》蕉《しょう》

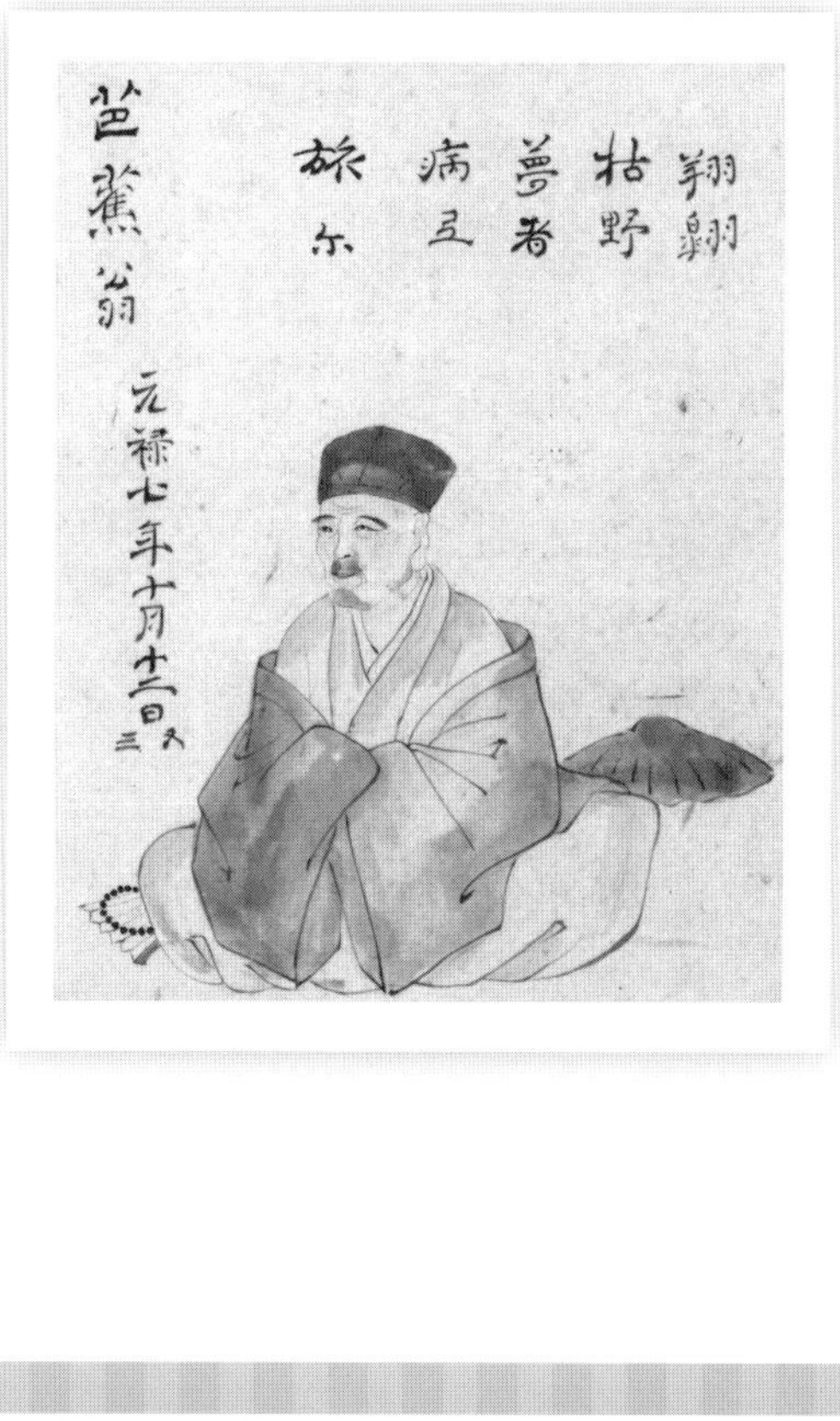

芭蕉をとりまく人びと

芭蕉の人生や作品に影響《えいきょう》をあたえた人や、芭蕉がひらいた俳句《はいく》の世界を受けついだ人びとを、代表的《だいひょうてき》な作品とともに紹介《しょうかい》します。

北村季吟《きたむらきぎん》

一六二五年～一七〇五年

近江国野洲郡北村《おうみのくにやすぐんきたむら》（現在《げんざい》の滋賀県野洲市《しがけんやすし》）に生まれる。医学をおさめる一方で、俳人《はいじん》の安原貞室《やすはらていしつ》、松永《まつなが》貞徳《ていとく》に師事《しじ》し、俳諧《はいかい》を学ぶ。『山之井』の刊行《かんこう》で貞《てい》門派俳諧《もんははいかい》の新鋭《しんえい》といわれた。一六八九年には五百石で、息子の湖春《こしゅん》と共に幕府《ばくふ》に仕《つか》えた。

季吟《きぎん》は藤堂主計良忠《とうどうかずえよしただ》の俳諧《はいかい》の師《し》でもあり、芭蕉は良《よし》忠《ただ》の代理で季吟《きぎん》の元へ通い、俳諧《はいかい》を学んだ。

鳥篭《とりかご》の憂目《うきめ》見つらん郭公《ほととぎす》

藤堂主計良忠《とうどうかずえよしただ》

一六四二年～一六六六年

伊賀国上野《いがのくにうえの》（現在《げんざい》の三重県伊賀市《みえけんいがし》）の藤堂新七郎《とうどうしんしちろう》良《よし》清《きよ》の三男。通称《つうしょう》は主計《かずえ》、宗正《むねまさ》。松尾芭蕉《まつおばしょう》は少年時代、良忠《よしただ》に仕《つか》えた。良忠《よしただ》が北村季吟《きたむらきぎん》について俳諧《はいかい》をたしなんでいた縁《えん》で、芭蕉も俳諧《はいかい》を始めた。俳号《はいごう》は蝉吟《せんぎん》。

一六六六年、二十五歳《さい》で死去。芭蕉は良忠《よしただ》の遺骨《いこつ》を高野山《こうやさん》におさめ、無常《むじょう》を感じて故郷《こきょう》を出て、俳諧《はいかい》に専念《せんねん》するようになったといわれる。

大坂《おおさか》や見ぬよの夏の五十年

李白《りはく》

七〇一年～七六二年

詩人。奔放《ほんぽう》で変幻自在《へんげんじざい》な詩風から、『詩仙《しせん》』と呼《よ》ばれる。

『奥の細道』の書き出しは、李白《りはく》の「天地は万物《ばんぶつ》の逆旅《げきりょ》、光陰《こういん》は百代《ひゃくだい》の過客《かきゃく》なり」を意識《いしき》したと言われている。

牀前《しょうぜん》　月光を看《み》る
疑《うたご》ふらくは是《こ》れ地上の霜《しも》かと
頭《こうべ》を挙《あ》げては山月《さんげつ》を望み
頭《こうべ》を低《た》れては故郷《こきょう》を思ふ

（寝室《しんしつ》の前に広がる月光をみると、その白さはまるで地上にふった霜《しも》のようだ、頭を上げては山の端《はし》にかかった月を見つめ、頭をたれては故郷《こきょう》のことを思う。）

井原西鶴《いはらさいかく》

一六四二年～一六九三年

人形浄瑠璃《じょうるり》作者、俳諧師《はいかいし》。大阪難波《なんば》で活躍《かつやく》し、代表作『好色《こうしょく》一代男』で、作家としても地位を得《え》て、元禄文化《げんろくぶんか》の象徴《しょうちょう》ともいえる文化人になった。

裕福《ゆうふく》な商人の家に生まれるが、家業はまかせて、十五歳《さい》のころから俳諧師《はいかいし》を志《こころざ》す。談林派《だんりんは》の代表として名をなす。矢数俳諧《やかずはいかい》を創始《そうし》し、最高記録《さいこうきろく》は二三五〇〇句。芭蕉とは当時からならび評《ひょう》されていた。

浮世《うきよ》の月
見過《みす》ごしにけり末二年

河合曾良《かわいそら》

一六四九年～一七一〇年

俳諧師《はいかいし》。松尾芭蕉の『奥の細道』における奥州《おうしゅう》・北陸《ほくりく》の旅に同行した弟子。

信濃国高島城下《しなののくにたかしまじょうか》の下桑原村《しもくわばらむら》（現在《げんざい》の長野県諏訪市《ながのけんすわし》）に生まれる。両親が亡《な》くなったため伯母《おば》の養子となるが、十二歳《さい》のときに養父母も亡《な》くなり、伊勢国桑名郡長島《いせのくにくわなぐんながしま》の住職・深泉良成《ふかいずみよしなり》に引き取られる。一六六八年ごろより長島藩主松平《ながしまはんしゅまつだいら》康尚《やすなお》につかえる。

芭蕉の『奥の細道』の旅の記録《きろく》、『曾良《そら》旅日記』を残した。

松島や鶴《つる》に身をかれ
ほとゝぎす

蕉門十哲《しょうもんじってつ》

「蕉門十哲《しょうもんじってつ》」とは、松尾芭蕉の弟子の中で、とくに優《すぐ》れた十人のことです。「蕉門《しょうもん》の十哲」ともいいます。其角《きかく》、嵐雪《らんせつ》、支考《しこう》、許六《きょりく》、去来《きょらい》、丈草《じょうそう》、野坡《やば》、越人《えつじん》、北枝《ほくし》、杉《さん》風《ぷう》の十人とするのが一般的《いっぱんてき》ですが、曽良《そら》などほかの人を入れて考えることもあります。いずれにしても、芭蕉には、たくさんの弟子がいたということです。

各務至考《かがみしこう》

一六六五年～一七三一年

二十五歳《さい》で芭蕉に入門。芭蕉の臨《りん》終《じゅう》をみとり、遺書《いしょ》を代筆《だいひつ》している。その後、芭蕉の遺吟《いぎん》・遺文《いぶん》を集めて『笈《おい》日記』を著した。

歌書よりも
軍書に悲し芳野山《よしのやま》

宝井其角《たからいきかく》

一六六一年～一七〇七年

俳諧師《はいかいし》。父親の紹介《しょうかい》で松尾芭蕉の門に入り俳諧《はいかい》を学ぶ。芭蕉の没後《ぼつご》は日本橋茅場町《にほんばしかやばちょう》に江戸座《えどざ》を開き、江戸《えど》俳諧《はいかい》では一番の勢力《せいりょく》となる。

川上は柳《やなぎ》か梅《うめ》か
百千鳥《ももちどり》

服部嵐雪《はっとりらんせつ》

一六五四年～一七〇七年

俳諧師《はいかいし》。一六七三年、芭蕉に入門。ものやわらかで上品な作風が特色《とくしょく》で、芭蕉は嵐雪《らんせつ》の才能を高く評価《ひょうか》していた。

梅一輪《うめいちりん》
一輪《いちりん》ほどの暖《あたた》かさ

森川許六《もりかわきょりく》

一六五一年～一七〇四年

俳諧師《はいかいし》、絵師。一六九二年、江戸《えど》深川《ふかがわ》にいた芭蕉に入門。芭蕉より六芸に通じた才人という意味である「許六《きょりく》」の名前を授《さず》けられた。

十団子《とおだんご》も
小粒《こつぶ》になりぬ秋の風

向井去来《むかいきょらい》

一六五一年～一七〇四年

武芸《ぶげい》に優《すぐ》れていたが、若《わか》くして武士の身分をすてる。芭蕉やほかの弟子からの信頼《しんらい》を集めていた。芭蕉がすごした落柿舎《らくししゃ》は去来《きょらい》の別宅《べったく》。

木枯《こが》れの地にも
落とさぬしぐれ哉《かな》

越智越人《おちえつじん》

一六五六年～一七三〇年ころ

俳諧師《はいかいし》。別号は槿花翁《きんかおう》など。通《つう》称《しょう》は十蔵《じゅうぞう》（重蔵《じゅうぞう》）。名古屋に住み、尾張蕉門《おわりしょうもん》の中心だった。芭蕉は越《えつ》人《じん》の恋句《れんく》を絶賛《ぜっさん》したという。

うらやまし
思ひ切る時猫《ねこ》の恋《こい》

内藤丈草《ないとうじょうそう》

一六六二年～一七〇四年

俳諧師《はいかいし》。一六八八年、弟に家督《かとく》をゆずり、翌年《よくねん》、芭蕉に入門した。芭蕉が亡くなったあと約十年の間、供養《くよう》の日々をすごした。

うづくまる
やくわんの下のさむさ哉《かな》

立花北枝《たちばなほくし》

不明～一七一八年

刀研《かたなと》ぎを業《なりわい》とする。芭蕉の金沢訪《かなざわほう》問時《もんじ》に入門して、越前国《えちぜんのくに》（現在《げんざい》の福井県《ふくいけん》）まで同行した。芭蕉に信《しん》頼《らい》され、加賀蕉門《かがしょうもん》の中心となった。

焼《や》けにけり
されども花はちりすまし

志太野坡《しだやば》

一六六二年～一七四〇年

初めは其角《きかく》に俳諧《はいかい》を学び、その後芭蕉の門人となった。中国、九州地方に旅をして、多くの弟子に蕉風《しょうふう》を広めた。

長松《ちょうまつ》が親の名で来る
御慶《ぎょけい》かな

杉山杉風《すぎやまさんぷう》

一六四七年～一七三二年

一六七三年ごろ、芭蕉が江戸《えど》に下るのと同じ時期に入門した。芭蕉のもっとも早い門人であり、経済《けいざい》的支援者《てきしえんしゃ》だった。

襟巻《えりま》きに
首引入れて冬の月

資料

俳句をもっと知ろう

三十一文字《みそひともじ》の歌

俳句《はいく》は、連歌《れんが》から生まれました。

連歌《れんが》とは、和歌《わか》と呼《よ》ばれる歌の一種で、五・七・五の「上《かみ》の句《く》」、七・七の「下《しも》の句《く》」を交互《こうご》につくり、連《つら》ねていきます。文字の数ではなく、音の数でかぞえます。声に出して読んでみるとわかりやすいですね。

五・七・五・七・七の三十一音でつくる短歌《たんか》も、和歌《わか》の一種です。

この短い歌で、自然《しぜん》や動物、恋愛《れんあい》、日常《にちじょう》の出来事など、さまざまなことを表現《ひょうげん》することができます。

上の句
ちはやぶる　五
神代《かみよ》も聞《き》かず　七
竜田川《たつたがわ》　五

下の句
からくれないに　七
水《みず》くくるとは　七

在原業平《ありわらのなりひら》

ふしぎなことが多くあったという、神様の時代にも聞いたことがない。もみじが竜田川を、唐紅《からくれない》色のしぼり染《そ》めにするなんてことを。

上の句
夏《なつ》のかぜ　五
山《やま》よりきたり　七
三百《さんびゃく》の　五

下の句
牧《まき》の若馬《わかうま》　七
耳《みみ》ふかれけり　七

与謝野晶子《よさのあきこ》

夏の風が山からきて、牧場にいるたくさんの若《わか》い馬たちの耳に、風がふいている。

十七音の歌

俳句《はいく》とは、五・七・五の合計十七音でつくられる短い詩です。俳句《はいく》と呼《よ》ばれるようになったのは、明治《めいじ》時代のことで、芭蕉が活躍《かつやく》していた江戸《えど》時代にはゆかいな、という意味をもつ「俳諧《はいかい》」と呼《よ》ばれていました。俳諧《はいかい》は、芭蕉によって、言葉遊びから、言葉の芸術《げいじゅつ》にまで高められたのです。

俳句《はいく》には、季節をあらわす「季語」を入れるのがきまりです。季語は、春、夏、秋、冬、新年の五つに分けられます。まず、春、夏、秋の俳句《はいく》をみてみましょう。

意味が切れるところを「切れ」といいます。そこには「や」「かな」「けり」などの「切れ字」をおくこともあります。

春

五 古《ふる》池《いけ》や　切れ

七 蛙《かわず》飛《と》びこむ　季語

五 水《みず》の音《おと》

松《まつ》尾《お》芭《ば》蕉《しょう》

古い池に、蛙《かえる》が飛《と》びこむ音が、聞こえてきた。

夏

五 夏《なつ》河《かわ》を　季語

七 越《こ》すうれしさよ　切れ字

五 手《て》に草履《ぞうり》

与《よ》謝《さ》蕪《ぶ》村《そん》

手にぞうりを持って夏の川をわたるのは、とても心地よいうれしさだ。

秋

五 荒《あら》海《うみ》や　切れ字

七 佐《さ》渡《ど》に横《よこ》たふ《う》

五 天《あま》の河《がわ》　季語

松《まつ》尾《お》芭《ば》蕉《しょう》

波がたち荒《あ》れている海の向こうに見える佐渡島《さどがしま》まで横たわるように、天の河が空にかかっている。

季節を感じる俳句《はいく》

つづいて、冬と新年の俳句《はいく》をみてみましょう。

俳句《はいく》の楽しみかたは、読むことだけではありません。みなさんも俳句《はいく》をつくってみませんか?

ルールは、五・七・五の音でつくること、季節をあらわす季語をどこかに入れること、だけです。次のページで季語の例を紹介《しょうかい》しています。植物や動物、お天気だけでなく、遊びや食べ物など、さまざまな季語がありますね。

むずかしく考えず、芭蕉のように、歌の世界を楽しんでください。

冬

いくたびも（五）
雪《ゆき》の深《ふか》さを（七・季語）
尋《たず》ねけり（五・切れ字）

正岡子規《まさおかしき》

つい何度も、雪のつもりぐあいを聞いてしまったなぁ。

新年

めでたさも（五）
中《ちゅう》くらいなり（七・切れ字）
おらが春（五・季語）

小林一茶《こばやしいっさ》

世間にとってはおめでたい正月だけれども、自分にとってはあやふやだが、それもまた、自分にはふさわしいものだ。

季語のいろいろ

季語は、このほかにもたくさんあります。

春の季語

- あさり
- たんぽぽ
- うぐいす
- おたまじゃくし
- クローバー
- 草もち
- こねこ
- すずめの子
- 桜《さくら》
- 梅
- 入学・卒業《そつぎょう》
- つばめ
- 雪どけ

夏の季語

- あじさい
- あまがえる
- キャンプ
- こいのぼり
- せんぷうき
- 田植え
- トマト
- 花火
- にじ
- 夕焼《や》け
- 麦
- ころもがえ
- 日焼《や》け

秋の季語

- 朝顔
- 天の川
- みのむし
- もみじ
- とんぼ
- どんぐり
- 鹿《しか》
- 台風
- すいか
- 稲妻《いなづま》
- かまきり
- すもう
- 冬近し

冬の季語

- くじら
- 熊《くま》
- 木枯《こが》らし
- こたつ
- くしゃみ
- 寒さ
- 大根
- なわとび
- ひなたぼっこ
- もちつき
- 落ち葉
- スキー
- 節分《せつぶん》

新年の季語

- お年玉
- おせち料理《りょうり》
- かるた
- 門松《かどまつ》
- 元日
- 鏡開《かがみびら》き
- こま
- ししまい
- 雑煮《ぞうに》
- 年賀状《ねんがじょう》
- 初夢《はつゆめ》
- 初げいこ
- 福笑《ふくわら》い

芭蕉の人生と、生きた時代

芭蕉の人生におきた出来事を見ていきましょう。どんな時代、どんな社会を生きたのでしょうか。江戸《えど》へ行くまでの間のことなど、よくわかっていないこともあります。

時代	西暦	年齢	芭蕉の出来事	世の中の出来事
江戸	一六四四		伊賀国上野《いがのくにうえの》（現在《げんざい》の三重県伊賀市《みえけんいがし》）に生まれる	明《みん》がほろびて清《しん》が中国を支配《しはい》する
	一六五六	十三歳	父の与左衛門《よさえもん》が死去する	
	一六六二	十八歳	藤堂蟬吟《とうどうせんぎん》と俳句《はいく》を学ぶ このときの俳号《はいごう》は宗房《むねふさ》	近江《おうみ》・若狭地震《わかさじしん》が発生
	一六六六	二十三歳	主君の藤堂蟬吟《とうどうせんぎん》が死去する	
	一六七二	二十九歳	『貝おおひ』を伊賀上野菅原《いがうえのすがわら》神社に奉納《ほうのう》する のちに江戸《えど》で出版《しゅっぱん》する	
			江戸《えど》へ下る 談林派《だんりんは》の俳諧《はいかい》に参加	

江戸

一六七四	三十一歳	このころ、桃青《とうせい》と名乗る	
一六七九	三十六歳	このころ、俳諧宗匠《はいかいそうしょう》となり、万句興行《まんくきょうこう》を行う	
一六八十	三十七歳	深川《ふかがわ》の草庵《そうあん》（芭蕉庵《ばしょうあん》）に引っ越《こ》す	徳川綱吉征夷大将軍《とくがわつなよしせいいたいしょうぐん》となる
一六八二	三十九歳	『武蔵曲《むさしぶり》』にて、芭蕉《ばしょう》の俳号《はいごう》を初《はじ》めて使う 芭蕉庵《ばしょうあん》が焼失《しょうしつ》し、甲斐国《かいのくに》に行く	天和《てんな》の大火
一六八三	四十歳	江戸《えど》にもどる 故郷《こきょう》の母が死去する	
一六八四	四十一歳	「野ざらし紀行」の旅に出発	
一六八五	四十二歳	旅を終え、芭蕉庵《ばしょうあん》にもどる	最初《さいしょ》の生類憐《しょうるいあわれ》みの令《れい》が出される
一六八六	四十三歳	「古池や蛙飛《かわずと》びこむ水の音」の句《く》を読む	
一六八七	四十四歳	「鹿島紀行」の旅に出発 「笈《おい》の小文」の旅に出発	ニュートンが万有引力の法則《ほうそく》を発見する

時代	西暦	年齢	芭蕉の出来事	世の中の出来事
江戸	一六八八	四十五歳	「更級紀行《さらしなきこう》」の旅に出発して、伊勢《いせ》神宮、吉野《よしの》、京都《きょうと》、信州《しんしゅう》の善光寺《ぜんこうじ》などを訪《おとず》れる	長崎《ながさき》に唐人屋敷《とうじんやしき》を設立《せつりつ》する
	一六八九	四十六歳	芭蕉庵《ばしょうあん》をゆずり、杉風《さんぷう》の別墅《べっしょ》に移る 弟子の曾良《そら》をともない「奥の細道」の旅に出る 岩手《いわて》にて「夏草や兵《つわもの》どもが夢《ゆめ》の跡《あと》」の句を読む 山形《やまがた》にて「閑《しずけ》さや岩にしみ入る蝉《せみ》の声」 「五月雨をあつめて早し最上川《もがみがわ》」の句を読む 新潟《にいがた》にて「荒海や佐渡《さど》によこたふ天河」の句を読む 大垣《おおがき》に着き「奥の細道」の旅を終える 京都《きょうと》に入り、年末は近江《おうみ》義仲寺《ぎちゅうじ》の無名庵《むめいあん》で過《す》ごす	
	一六九〇	四十七歳	近江《おうみ》の幻住庵《げんじゅうあん》に滞在《たいざい》する 京都に滞在《たいざい》し『猿蓑《さるみの》』の編纂《へんさん》に取り組む	
	一六九一	四十八歳	江戸《えど》にもどる 三軒目《けんめ》の芭蕉庵《ばしょうあん》に住みはじめる	
	一六九四	五十一歳	江戸を発ち、故郷《こきょう》の伊賀上野《いがうえの》へ向かう 大坂《おおさか》へ行くが、そこで体調をくずす 大坂《おおさか》で弟子にみとられながら死去する	

▲芭蕉の墓《はか》

遺言《ゆいごん》にしたがって、芭蕉のなきがらは、船にのせられて淀川《よどがわ》を上り、義仲寺《ぎちゅうじ》にはこばれ、大勢《おおぜい》の弟子たちが見守るなか埋葬《まいそう》されました。髪《かみ》の毛の一部は、故郷《こきょう》の伊賀《いが》に届《とど》けられています。

記《き》念《ねん》館《かん》へ行こう

芭蕉のゆかりの地にある記《き》念《ねん》館《かん》で、資《し》料《りょう》などを見ることが出来ます。

江《こう》東《とう》区《く》芭蕉記《き》念《ねん》館《かん》

芭蕉の資《し》料《りょう》の収《しゅう》集《しゅう》や展《てん》示《じ》、俳《はい》句《く》等文学活動の支《し》援《えん》をしています。

〒135-0006　江東区常盤 1-6-3　　TEL : 03-3631-1448

https://www.kcf.or.jp/basho/

開館時間　展示室・図書室　9:30 ～ 17:00（入館は 16:30 まで）

　　　　　研修室・会議室　9:00 ～ 22:00

受付時間　9:00 ～ 17:00

休館日　第 2・4 月曜日 (ただし祝日の場合は翌日が休館)　年末年始

山寺芭蕉記《き》念《ねん》館《かん》

「奥《おく》の細道」の旅で訪《おとず》れた山寺の近くで、展《てん》示《じ》を見ることができます。

〒999-3301　山形市大字山寺字南院 4223

TEL : 023-695-2221

http://yamadera-basho.jp

開館時間　9:00 ～ 16:30

休館日　不定休　年末年始 (12 月 29 日～ 1 月 3 日)

　　　　展示替のための臨時休館日

資料提供・協力

天理大学付属天理図書館

公益財団法人阪急文化財団

公益財団法人江東区文化コミュニティ財団　（江東区芭蕉記念館）

山形市文化振興事業団　（山寺芭蕉記念館）

参考資料

『校本芭蕉全集』全１０巻別巻１（富士見書房）

『芭蕉物語』（白石悌三　乾裕幸　編・有斐閣）

『芭蕉年譜大成』（今栄蔵・角川書店）

『新芭蕉伝百代の過客』（坪内稔典・本阿弥書店）

『芭蕉とその時代―坪内稔典コレクション〈第３巻〉』（坪内稔典・沖積舎）

『芭蕉、蕪村、一茶の世界』（雲英末雄 監修・美術出版社）

ビジュアル版日本の古典に親しむ７『奥の細道』（山本健吉・世界文化社）

著者紹介

作者

坪内稔典（つぼうち　ねんてん）

愛媛県に生まれる。俳人。高校在学中に17歳で詩集『人間不信』を刊行。担任教諭の影響で俳句を作り始める。立命館大学文学部に入学後、京都学生俳句会を結成し、さらに全国学生俳句連盟を結成するなど、精力的に活動しながら句作に励む。現在は、俳句グループ「船団の会」の代表をつとめている。
研究者としての専門は日本近代文学で、正岡子規、夏目漱石、松尾芭蕉などに関する著作物を数多く刊行している。

画家

立花まこと（たちばな　まこと）

東京都に生まれる。イラストレーター。絵本に『おでかけ　おでかけ』（小長谷清実 作・福音館書店）『ぎょうざ　ぎゅっ ぎゅっ』（長谷川摂子 作・福音館書店）『てのひらむかしばなし　しおふきうす』（長谷川摂子 作・岩波書店）。シリーズ「伝記を読もう」（あかね書房）では『葛飾北斎』（芝田勝茂 文）『石井桃子』（竹内美紀 文）の挿絵のほか、この『松尾芭蕉』では、装画と挿絵を担当している。

企画・編集

野上　暁（のがみ　あきら）

日本ペンクラブ常務理事、JBBY副会長、東京純心大学こども文化学科客員教授。

編集協力　奥山修
装丁　白水あかね

伝記を読もう　１２

松尾芭蕉
俳句の世界をひらく

2018年４月　初　版
2025年４月　第６刷

作　者　坪内稔典
画　家　立花まこと

発行者　岡本光晴
発行所　株式会社 あかね書房
〒101-0065　東京都千代田区西神田 3-2-1
電話　03-3263-0641（営業）　03-3263-0644（編集）
https://www.akaneshobo.co.jp
印刷所　TOPPANクロレ 株式会社
製本所　株式会社 難波製本

NDC289　144p　22cm　ISBN 978-4-251-04612-3

伝記を読もう

人生っておもしろい！
さまざまな分野で活躍《かつやく》した人たちの、
生き方、夢《ゆめ》、努力《どりょく》…… 知ってる？

❶ **坂本龍馬《さかもとりょうま》**
世界を夢《ゆめ》見た幕末《ばくまつ》のヒーロー

❷ **豊田喜一郎《とよだきいちろう》**
自動車づくりにかけた情熱《じょうねつ》

❸ **やなせたかし**
愛《あい》と勇気《ゆうき》を子どもたちに

❹ **伊能忠敬《いのうただたか》**
歩いて作った初《はじ》めての日本地図

❺ **田中正造《たなかしょうぞう》**
日本初《はつ》の公害《こうがい》問題に立ち向かう

❻ **植村直己《うえむらなおみ》**
極限《きょくげん》に挑《いど》んだ冒険家《ぼうけんか》

❼ **荻野吟子《おぎのぎんこ》**
日本で初《はじ》めての女性医師《じょせいいし》

❽ **まど・みちお**
みんなが歌った童謡《どうよう》の作者

❾ **葛飾北斎《かつしかほくさい》**
世界を驚《おどろ》かせた浮世絵師《うきよえし》

❿ **いわさきちひろ**
子どもの幸せと平和を絵にこめて

⓫ **岡本太郎《おかもとたろう》**
芸術《げいじゅつ》という生き方

⓬ **松尾芭蕉《まつおばしょう》**
俳句《はいく》の世界をひらく

⓭ **石井桃子《いしいももこ》**
子どもたちに本を読む喜《よろこ》びを

⓮ **円谷英二《つぶらやえいじ》**
怪獣《かいじゅう》やヒーローを生んだ映画監督《えいがかんとく》

⓯ **平賀源内《ひらがげんない》**
江戸《えど》の天才アイデアマン

⓰ **椋《むく》 鳩十《はとじゅう》**
生きるすばらしさを動物物語《どうぶつものがたり》に

⓱ **ジョン万次郎《まんじろう》**
海をわたった開国の風雲児《ふううんじ》

⓲ **南方熊楠《みなかたくまぐす》**
森羅万象《しんらばんしょう》の探究者《たんきゅうしゃ》

⓳ **手塚治虫《てづかおさむ》**
まんがとアニメでガラスの地球《ちきゅう》を救《すく》え

⓴ **渋沢栄一《しぶさわえいいち》**
近代日本の経済《けいざい》を築《きず》いた情熱《じょうねつ》の人

㉑ **津田梅子《つだうめこ》**
日本の女性《じょせい》に教育で夢《ゆめ》と自信を

㉒ **北里柴三郎《きたざとしばさぶろう》**
伝染病《でんせんびょう》とたたかった不屈《ふくつ》の細菌《さいきん》学者

㉓ **前島《まえじま》 密《ひそか》**
郵便《ゆうびん》で日本の人びとをつなぐ

㉔ **かこさとし**
遊びと絵本で子どもの未来を

㉕ **阿波根昌鴻《あはごんしょうこう》**
土地と命を守り沖縄から平和を

㉖ **福沢諭吉《ふくざわゆきち》**
自由と平等を教えた思想家

㉗ **新美南吉《にいみなんきち》**
愛《あい》と悲しみをえがいた童話作家

㉘ **中村《なかむら》 哲《てつ》**
命の水で砂漠《さばく》を緑にかえた医師《いし》

㉙ **牧野富太郎《まきのとみたろう》**
植物研究ひとすじに

㉚ **丸木《まるき》 俊《とし》**
「原爆《げんばく》の図」を描《えが》き世界に戦争《せんそう》を伝《つた》える